新时代干部之基系列丛书

做干部必须有本事

晓　山　| 著

·北京·
国家行政学院出版社
NATIONAL ACADEMY OF GOVERNANCE PRESS

图书在版编目（CIP）数据

做干部必须有本事 / 晓山著 . — 北京：国家行政学院出版社，2022.7

（新时代干部之基系列丛书）

ISBN 978-7-5150-2585-8

Ⅰ.①做… Ⅱ.①晓… Ⅲ.①干部教育—中国—学习参考资料 Ⅳ.①D630.3

中国版本图书馆 CIP 数据核字（2021）第 247866 号

书　　名	做干部必须有本事
	ZUO GANBU BIXU YOU BENSHI
作　　者	晓　山 著
责任编辑	王　莹　孔令慧
出版发行	国家行政学院出版社
	（北京市海淀区长春桥路 6 号　100089）
综 合 办	（010）68928903
发 行 部	（010）68928866
经　　销	新华书店
印　　刷	北京盛通印刷股份有限公司
版　　次	2022 年 7 月北京第 1 版
印　　次	2022 年 7 月北京第 1 次印刷
开　　本	170 毫米 ×240 毫米　16 开
印　　张	15
字　　数	160 千字
定　　价	45.00 元

本书如有印装问题，可联系调换。联系电话：（010）68929022

前　言

"政善治，事善能。"习近平总书记指出，领导干部中"很多同志有做好工作的真诚愿望，也有干劲，但缺乏新形势下做好工作的本领，面对新情况新问题，由于不懂规律、不懂门道、缺乏知识、缺乏本领，还是习惯于用老思路老套路来应对，蛮干盲干，结果是虽然做了工作，有的时候做得还很辛苦，但不是不对路子，就是事与愿违，甚至搞出一些南辕北辙的事情来"。他强调领导干部"必须做到能力过硬，不断掌握新知识、熟悉新领域、开拓新视野，全面提高领导能力和执政水平"。作为领导干部，如果没有"一技傍身"，干事创业就会没有底气，人民群众也会不服气。即使有再大的干事创业的勇气和决心，也只能是"纸上谈兵""痴人说梦"，一文不值。任何时候、任何情况下，过硬的本领、出众的能力，始终是领导干部为官从政的一张名片、干事创业的一张底牌。

毫无疑问，当干部就得有本事。新时代的领导干部必须具有"八种本领""七种能力"，努力使自己真正成为一名想干事、能干事、干成事、不出事的好干部。

目 录

第一篇
　　保持政治定力的本事 / 1

第二篇
　　调查研究求是求实的本事 / 35

第三篇
　　敢于斗争善于斗争的本事 / 73

第四篇
　　洞察全局科学决策的本事 / 111

第五篇
　　广汇民智集聚合力的本事 / 169

第六篇
　　脚踏实地真抓落实的本事 / 199

后　记 / 233

第一篇

保持政治定力的本事

1 既要政治强，又要本领高，把政治强作为根本工作要求，把本领高作为根本工作标准

习近平总书记指出："我们党既要政治过硬，也要本领高强。"政治过硬，就是始终在政治立场、方向、原则、道路上同以习近平同志为核心的党中央保持高度一致，坚决维护党中央权威和集中统一领导。本领高强，就是专业素质好、业务能力强，能够胜任和解决各种问题和矛盾。对领导干部来说，只有牢牢抓住政治能力和专业能力两大关键，始终将其作为根本的工作要求和工作标准，才能担当起实现伟大梦想的重任。

政治过硬本领高强是对新时代领导干部的根本要求。毛泽东同志曾指出："没有多数才德兼备的领导干部，是不能完成其历史任务的。"政治上靠不住、不过硬的人，是无德之人，伟大斗争赢不了，伟大事业会偏航，伟大工程必受挫；本领不高强、没本事的人，是无才之人，伟大梦想势必要落空，误党误国误人民。政治过硬与本领高强相辅相成、缺一不可。当前，国内外形势正在发生深

刻复杂的变化，我国发展仍处于重要战略机遇期，广大领导干部必须立起政治"过硬"的高要求和本领"高强"的高标准，把二者有机结合起来，才能在复杂局面面前始终保持政治定力、不迷失方向，娴熟处理各种难题，推动党和人民的事业顺利前行。

锤炼过硬的政治品格，做永不锈蚀的"政治钢铁"。在干好工作所需的各种能力中，政治能力始终是第一位的。领导干部只有把政治过硬作为根本的工作要求，才能做到自觉在思想上政治上行动上同以习近平同志为核心的党中央保持高度一致，在各种斗争考验面前"不畏浮云遮望眼""乱云飞渡仍从容"。领导干部要牢记政治责任，保持政治清醒，防止和纠正各种形式的"低级红""高级黑"；要增强政治自制力，对党的政治纪律和政治规矩怀有敬畏之心，始终做政治上的明白人、老实人；要增强政治敏锐性，练就草摇叶响知鹿过、松风一起知虎来、一叶易色而知天下秋的能力，对潜在的风险有科学预判，不当"马后炮"，不做"事后诸葛亮"。

磨砺过硬的工作本领，做干事创业的"行家里手"。习近平总书记指出："光有思路和部署，没有优秀的人来干，那也难以成事。"党和国家事业越发展，对领导干部的能力要求就越高，只有把本领高强作为根本的工作标准，才能真正解决好"本领恐慌"的问题。领导干部要把学习作为核心竞争力，努力打造又博又专、推陈出新的素养结构，努力成为兼收并蓄、融会贯通的通达之才；要坚持干什么学什么，缺什么补什么，围绕党和国家重大战略部署，尽快补齐能力、素质和方法短板；要坚持理论联系实际，努力加强实践锻炼，主动到群众最需要的地方、急难险重一线去摸爬滚打、增长才干。

2 锤炼政治本领,在讲政治、有政德中"守初心";锤炼担当本领,在强素质、有能力中"担使命";锤炼斗争本领,在敢斗争、会斗争中"找差距";锤炼执行本领,在求实效、重实绩中"抓落实"

"守初心、担使命,找差距、抓落实"是"不忘初心、牢记使命"主题教育的总要求,也是新时代领导干部加强自我修养的鲜明主题。对领导干部来说,延续主题教育的精神洗礼,就是要不断锤炼政治、担当、斗争和执行本领,才能为党和人民的事业提供坚强支撑。

政治本领强了,才能初心如磐。修大德者,方能成其功。从政,只有树立良好的品德,才能行稳致远、造福于民。"讲政治"是政德之始,是领导干部的"第一堂政德必修课",根本在明大德,要坚定理想信念,牢记初心使命,行知所向,确保党的事业始终沿着正确政治方向前进,才不会误入歧途、陷入困境;要增强"四个意识"、坚定"四个自信"、做到"两个维护",始终在思想上政治上行动上同以习近平同志为核心的党中央保持高度一致,自觉锤炼党性,不断提高政治能力,始终做政治上的明白人。

有了过硬本领,担当才会有支撑。习近平总书记指出,提高领导干部推动科学发展的能力,是当前干部队伍建设的一项根本任务。领导干部做到有本领,要自觉学理论、学专业,养才气、养底气,努力锤炼负重行远、担当作为的"硬脊梁""宽肩膀",把学到的理论和知识用以指导工作;要强化担当精神,努力做到事不避难、勇挑重任，在矛盾和问题面前敢抓敢管、敢于碰硬、迎难而上，在错误和过失面前不怕牺牲、主动承担、推功揽过；要全力营造担当作为的良好环境，帮助打消顾虑，扔掉"包袱"，轻装上阵。

在游泳中学游泳，在斗争中炼斗争。党的十九大报告中指出："实现伟大梦想，必须进行伟大斗争。"我们党历来善于自我革命，富于斗争精神，并在其中实现自我净化、自我提高。领导干部要用好自我革命的"法宝"，发扬斗争精神，敢于正视问题、直面问题，认真查找自己在理论修养、作风纪律、能力本领、人品政德等方面存在的缺点和不足，以自我革命的勇气补齐这些短板和弱项；要积极投身到基层一线去经风雨、见世面、长才干、壮筋骨，培养斗争精神，提升斗争本领，历练顽强意志，敢于并善于应对风云变幻的挑战和风险。

执行求实效，落实看实绩。狠抓落实不等于不讲执行方式，"不讲条件、不打折扣"抓落实，不是脱离具体实际的"一刀切"。领导干部要进一步锤炼实事求是的优良作风，出实招、察实情，求实效、重实绩，在求真务实中狠抓落实；要深刻把握抓落实的规律，把心思花在执行上，把精力用在落实上，敢于啃"硬骨头"、敢于打"攻坚战"，不讲排场、不走形式，不图虚荣、不慕虚功；要站稳人民立场，想人民之所想，急群众之所急，主动贴近群众，自觉服务群众，把群众的满意度作为落实工作的出发点和立足点。

3 把做到"两个维护"作为政治任务来落实,作为政治信仰来培塑,作为政治操守来历练

坚持和加强党的全面领导,最重要的是坚决维护党中央权威和集中统一领导。对领导干部来说,坚决做到"两个维护",既是党的政治首要任务,也是培养政治信仰必然,更是必须恪守的政治操守。

"两个维护"传承于经典理论,丰富于生动实践。恩格斯认为,权威和服从是社会发展的客观要求。毛泽东同志曾形象地说:"一个桃子剖开来有几个核心吗?只有一个核心。"邓小平同志也说:"任何一个领导集体都要有一个核心,没有核心的领导是靠不住的。"习近平总书记指出:"要治理好我们这个大党、治理好我们这个大国,保证党的团结和集中统一至关重要,维护党中央权威至关重要。"确立和维护党中央权威和党的领袖核心地位,是马克思主义政党建设的根本要求。党的十八大以来,党和国家事业之所以能取得历史性的成就和变革,最根本的原因就在于以习近平同志为核心的党中央的坚强领导。什么时候我们党确立和维护党的权威、拥戴和信赖党的领袖,我们的事业就会取得胜利。科学的理论、历史的经验、党成长的逻辑告诉我们,"两个维护"就是确保新时代中国特色社会主义的航船破浪前行的定海神针,坚决做到"两个维护"是党和国家前途命运所系,是全国各族人民根本利益所在。

"两个维护"是最高政治原则和根本政治规矩。我们大党大国的党情国情决定了一定要有一个坚强有力的中央政治局及其常委

会，一定要有一个"最有威信、最有影响、最有经验"的总书记作为核心。领导干部把"两个维护"作为政治任务、政治信仰和政治操守，要把握正确政治方向，坚定站稳政治立场，切实把增强核心意识融入情感和灵魂；要勇于担当，率先垂范，忠诚于党，忠诚于党的事业，忠诚于以习近平同志为核心的党中央；要坚决做到与党中央保持高度一致，把自己的言行举止始终纳入党的纪律和规矩的规范和约束之下，对中央倡导的坚决响应、党中央决定的坚决照办，党中央禁止的坚决杜绝，对那些在原则问题上认识模糊、态度含糊，落实部署不坚决、打折扣、搞变通，庸政、懒政、怠政的行为，勇于发声、敢于亮剑，决不在政治方向上跑偏走歪，把做到"两个维护"真正体现到履职尽责的实践中。

4 理论上清醒、思想上看齐、行动上自觉

"凡兵之道莫过乎一"，我们党是高度集中统一的马克思主义政党，理论上的清醒、思想上的看齐、行动上的自觉是党的力量和优势所在，也是我们党的事业不断发展壮大的根本。领导干部只有做到理论上清醒、思想上看齐、行动上自觉，才能在实现自我价值的同时，更好完成新时代赋予的使命。

理论成熟是马克思主义政党的重要标志。理论素质的高低在很大程度上决定领导干部政治水平的高低。领导干部的马克思主义理论基础扎实了，才能全面认识和把握各类复杂的矛盾和问题，敏锐

地识别各种错误的观点和思潮，科学地制定各项政策和措施，也才能在各种复杂的局面中坚持正确的政治方向，保持政治定力。领导干部是社会主义现代化建设的决策者、组织者、指挥者，要学好用好马克思主义经典理论，准确领会辩证唯物主义和历史唯物主义的世界观和方法论，坚定中国特色社会主义道路自信、理论自信、制度自信、文化自信，勇于面对各种困难，增强全面贯彻执行党的路线方针政策的自觉性和坚定性。

行源于心，力源于志，思想一致是行动统一的前提。思想上同心同德，才能在目标上同心同向、在行动上高度自觉。中国特色社会主义进入新时代，一个显著的特征就是习近平新时代中国特色社会主义思想的创立。作为马克思主义中国化最新成果，习近平新时代中国特色社会主义思想是党和人民实践经验和集体智慧的结晶，是中国特色社会主义理论体系的重要组成部分，是全党全国人民为实现中华民族伟大复兴而奋斗的行动指南，必须长期坚持并不断发展。领导干部要把学习习近平总书记系列重要讲话精神放在首位，把握贯穿其中的立场、观点、方法，做到学而信、学而用、学而行，拧紧思想上的"总开关"。

行动上自觉，源于理论上清醒和政治上坚定。理论上的清醒、思想上的看齐最终要转化为行动上自觉保持一致，落脚到中央各项部署、方针政策和干事创业上。领导干部自觉在行动上保持一致，就要听指挥、听号令，不折不扣地贯彻落实党中央的要求和部署，坚决排除"中梗阻"，防止上下不贯通，确保中央决策部署落地生根、开花结果；要防止和克服地方保护主义、本位主义，绝不允

许"上有政策、下有对策",绝不允许有令不行、有禁不止,绝不允许在贯彻执行中央决策部署上打折扣、作选择、搞变通;要落实好习近平总书记关于"实干兴邦"的要求,躬身践行,以"知"促"行",以"行"促"知",知行合一。

5 谋事多想政治标准,办事多想政治要求,处事多想政治影响

政治能力是衡量领导干部党性强弱的最根本最核心的标准,对领导干部来说,"谋事多想政治标准,办事多想政治要求,处事多想政治影响",就是要把握政治方向、强化政治历练、努力提高政治敏锐性和政治鉴别力,把旗帜鲜明讲政治贯穿干事创业的全过程、各方面。

必须把提升政治能力作为第一位任务。旗帜鲜明讲政治是我们党一以贯之的政治优势。毛泽东同志曾指出:"没有正确的政治观点,就等于没有灵魂。"邓小平同志强调:"改革,现代化科学技术,加上我们讲政治,威力就大多了。到什么时候都得讲政治。"习近平总书记指出:"讲政治,是我们党补钙壮骨、强身健体的根本保证,是我们党培养自我革命勇气、增强自我净化能力、提高排毒杀菌政治免疫力的根本途径。"实践充分证明,讲政治是关系党的生死存亡的首要问题、根本问题,是我们党不断发展壮大、从胜利走向胜利的重要保证。领导干部是党和国家的中坚力量,抓住领

导干部这个"关键少数",就抓住了全党旗帜鲜明讲政治的关键。领导干部要做到旗帜鲜明讲政治,必须把政治能力作为第一位的能力,不断提升政治本领,善于从政治上去认识问题、分析问题、解决问题。

必须把旗帜鲜明讲政治作为根本工作要求。党的十九大报告中指出:"旗帜鲜明讲政治是我们党作为马克思主义政党的根本要求。"面对新征程,领导干部必须把讲政治作为根本要求,落实在谋事、办事、处事三个环节。谋事多想政治标准,办事多想政治要求,处事多想政治影响,确保党和人民事业始终沿着中国特色社会主义道路前进。领导干部谋事多想政治标准,就是要坚定理想信念,在时代航程中把稳政治航向,把讲政治作为开展一切工作的出发点,凡是有利于坚持党的领导和我国社会主义制度的事就坚定不移地做,凡是不利于坚持党的领导和我国社会主义制度的事就坚决不做;要善于用政治的眼光来观察问题,由因及果地去发现一些潜在性、隐蔽性、苗头性问题,把矛盾解决在萌芽状态。办事多想政治要求,就是要把人民放在心中最高位置,为人民群众办实事、谋利益,切实增强人民群众的获得感,力戒形式主义和官僚主义,不做"两面派""两面人"。处事多想政治影响,就是要严格遵守党的政治纪律和政治规矩,经常对照政治纪律和政治规矩来检视自省,有则坚决改之,无则加勉警醒;要站在大局的高度,敢于担当、勇于负责,做到"平常时候看得出来,关键时刻站得出来,危急关头豁得出来"。

6 能着眼全局，方能知局中大事；能着眼大势，方能晓势之所趋

不谋全局者，不足谋一域；不谋万世者，不足谋一时。以什么样的眼界和高度来认识和把握一项工作部署，不但体现着总揽全局摆布工作的能力，也考验着我们的政治定力和政治智慧。领导干部必须站在政治和全局的高度，提高"谋局"之能、增强"识势"之明，牢牢把握谋划和推进工作的正确方向。

没有全局在胸，就不会"运筹帷幄之中"。局，原意是棋盘，下棋的人叫当局者，后来当局者成为执政者的代名词，实际上也暗含了对领导干部的要求，就是要有全盘的概念，能通盘考虑问题。习近平总书记多次强调："要紧密结合工作实际和思想实际，想大事，谋全局。"更加注重从全局和战略层面谋划党和国家工作。一名领导干部不可能什么都懂，但是一定要懂全局。领导干部谋全局，就是要用好用活整体、系统和辩证的思维和方法，一切着眼全局，全面地而不是片面地看问题。要善于从整体上把握问题，思考和处理问题的时候，必须从整体出发，有全局视野，注重整体过程、整体效益与整体结果，不能只在乎一事之成败；要善于运用系统思维，把要素放在整个系统之中来考虑，注重系统外部环境和系统内部之间的关联性，使分析和综合相互渗透、同步进行，做到有效协调；要善于运用辩证的方法，抓住全局工作中的重点事项、关键环节，把工作抓到"点子"上、抓到"要害"上，铆足力气抓根本、干大事。

不知道大势之趋，就不会"决胜千里之外"。毛泽东同志曾指出："当桅杆顶刚刚露出的时候，就能看出这是要发展成为大量的普遍的东西，并能掌握住它，这才叫领导。"习近平总书记强调，领导干部"谋划大棋局，既要谋子更要谋势"，"认识世界发展大势，跟上时代潮流，是一个极为重要并且常做常新的课题。中国要发展，必须顺应世界发展潮流"。作为领导干部，就要做到认清形势、把握态势、预测趋势，把势真正揣在心里，握在手中。要知势识势、抢占先机，树立世界眼光、把握时代脉搏，把当今世界的风云变幻看准、看清、看透，既从宏观上把握，又从微观上分析，既看到积极有利的条件，也清醒认识消极不利的因素，透彻分析形势；要审时度势，高屋建瓴，切实做到应势而谋、因势而动，顺势而为、乘势而上，时刻保持清醒头脑，准确把握发展方向，用好用足发展机遇，牢牢把握态势；要见微知著、未雨绸缪，精于从细微的征兆中看出事物的本质和变化走向，从纷繁复杂的表象中发现苗头性、倾向性问题，准确揭示本质和规律，准确预测态势。

7 胸怀大局无小眼，把握大势不跑偏

"胸怀大局、把握大势"是习近平总书记一贯倡导的重要思想方法和工作方法，体现的是战略的眼光和思维。一个时代有一个时代的主题，一个时代有一个时代的使命。领导干部主管一方、分管一域，必须练就"胸怀大局"的眼光，提高"把握大势"的思维，

才能把中国特色社会主义事业不断推向前进。

不怕眼前落后，就怕眼光落后。领导干部如果目光短浅、眼界狭窄、眼光不高，只关心眼前的、片面的、低层次的问题和事情，就会出现囿于局部和一时、一叶障目而不见泰山、急功近利而失去未来的状况，是难以真正打开工作局面的。领导干部只有把眼光放"长"、放"宽"、放"高"，才能真正把握事物的发展方向，总揽全局、预测未来。把眼光放"长"，就要善于从长远和全局的视角思考和处理问题，自觉在大局下思考、在大局下行动，从整体出发考虑全局性、长远性问题，不断增强工作的预见性、前瞻性；把眼光放"宽"，就要善于从多角度、全方位和不同的条件下来观察事物，敢于弃"小我""小局""小利"，求"大我""大局""大利"，抓住具有全局性、根本性的重大问题；把眼光放"高"，就是要从高处站位、从高处着眼、从高处望远，想问题起点高，重点明，切入点准，落脚点实，做到高屋建瓴、胸有丘壑、运筹帷幄。

不怕走得慢，就怕方向偏。路走对了，即使再慢，也是快；路走错了，即使再快，也是慢。世界潮流，浩浩荡荡，顺之则昌，逆之则亡。领导干部面对新时代变革大潮，如果不善于把握大势、辨清走势、审时度势，无异于画地为牢，定会坐失良机、受制于人，甚至走上歪路、邪路，只有在历史、宏观和现实的思维中因势而谋、应势而动、顺势而为，才能真正认清前进方向、盯住发展目标，才能确保中央的各项决策部署不走样、不跑偏。要用好历史的长镜头，按历史规律办事，把正在做的事放到历史的长河中去观察和谋划，总结经验规律，把握发展脉络，坚定前进方向；要用好宏观的广镜头，立起全球视野，跟踪把握世情国情的新变化和新走向，把握时代脉搏，抓住发展机遇，进行前瞻布局，抢占发展制高点；要用好现实的微镜头，对潜在的风险和挑战有科学预判，知道风险在哪里、表现怎么样，临危不乱，及时采取化危为机的应对之策，危中寻机、开辟新局。

8 坚守正道是为官为人的宗旨

习近平总书记强调："领导干部要坚守正道、弘扬正气，坚持以信念、人格、实干立身。"领导干部是党和政府形象代言人，其一言一行、一举一动都备受关注，一言不当，一行不端，都可能带来不可估量的负面影响，使党和政府的形象大打折扣。领导干部必须坚持"正"字为先，以"正"促"政"，做正己正人的表率。

世间事，唯正者昌，唯正道胜。 孟子说："我善养吾浩然之气。"所谓的浩然之气，指正大刚直的精神，也就是一种光明正大的气概。从做人来说，光明正大做事，正大光明做人，是一个人追求长久发展必备的精神。先做人后做事，先做正确的事，再正确地做事。做人不靠谱，没有人愿意和你打交道，则可能什么都做不成、做不好。无论在哪个领域，从事何种职业，都必须以一个"正"字作为立足的保证。正所谓君子坦荡荡，小人长戚戚，领导干部面对百年未有之变局、百世未有之伟业，必须把正道作为一种担当、作为一种标准，坚信正义必胜，正如柏拉图所说的，"让我们永远走向上的路，追求正义和智慧"。

坚持以"正"为本，以"正"立身，以"正"立业。大道至简，唯正是本。坚守正道永远在路上，领导干部干事创业不可能一帆风顺、一劳永逸，特别是在面对问题矛盾时，必须时刻警醒，做到心正、言正、身正，有效防止出现思想和行为偏差。心正即心地端正，要永续做走正道的力量源泉和指路明灯，有坚如磐石的理想信念，始终坚定对马克思主义的信仰、对社会主义和共产主义的信念，干工作、做事情，首先用信仰的尺子去量一量，符合的就坚决去做，不符合的就坚决不做；言正即尊重事实、敢讲真话、敢讲实话，做到有损党的形象的话不说、不符合党性原则的话不说、影响团结的话不说，对把握不准的事不妄评乱语，更不能信谣传谣；身正即以身作则、率先垂范，要把敢于担当作为坚守正道的基本要求，在大是大非面前敢于亮剑，在困难问题面前敢于攻坚，在歪风邪气面前敢于斗争，清清白白做人，干干净净干事。

9 从官重公慎，立身贵廉明

"从官重公慎，立身贵廉明"出自唐代文学家陈子昂名作《座右铭》，意为：当官要注重公正谨慎，立身贵在廉洁清明。习近平总书记强调，领导干部必须加强自律、慎独慎微，经常对照党章检查自己的言行，加强党性修养，陶冶道德情操，永葆共产党人政治本色。不能胜寸心，安能胜苍穹。对领导干部来说，无私方能感人、自律方能服人、廉洁方能正人，只有自觉树牢"公、慎、廉"的基础，才能通过内在力量的约束，筑牢拒腐防变的精神堤坝。

心正则公，公则不惑。领导干部是公家人、吃公家饭，分清公与私必然成为从政者品行良莠的试金石，也是善政和恶政的分水岭。检验一个领导干部的官德高下，根本的就是看其能不能始终坚持公心。立党为公，方可公而忘私、大公无私，实现天下为公。领导干部要深扎理想信念的根，划清是非、善恶、美丑、荣辱等基本界限，以先进典型为榜样，学以修身、俭以养德、廉以生威，才能真正做到大公无私、公私分明、先公后私、公而忘私，得到人民群众的信赖和拥护；要认清权力和责任的本质，对手中权力常怀敬畏之心，把权力视作服务群众的责任，自觉做到秉公用权。

谦虚谨慎，慎则不败。堤溃蚁孔，气泄针芒。自我约束和控制是领导干部必须具备的素养，要坚决做到慎独、慎初、慎微、慎欲，从小事小节上加强修养，从一点一滴中完善自己。"莫见乎隐，莫显乎微"，要增强慎独意识，掌握好闲暇时间，把喜好控制在适当范围内，时刻把好自己的言行；"君子慎始而无后忧"，要把"第一次"当作关隘和缺口，坚决杜绝"下不为例"的侥幸心理，死守自己的"第一道"防线；"道自微而生，祸自微而成"，要保持警觉、防微杜渐，再小的不仁之事也不做、再小的不义之财也不收、再小的不正之风也不沾；"欲如洪水，不遏必自溺"，要保持如临深渊、如履薄冰的警觉，始终心存敬畏、手握戒尺，在遏制私欲上不舍尺寸之功。

清正廉洁，廉则不求。清正廉洁是一种思想作风、人格力量，也是党员干部生存的根本，只有做到了清正廉洁，才能赢得广大群众的信赖，才有资格带领人民群众建功立业。离开了清正廉洁，想要建功立业，几乎是不可能的。"淡泊以明志，宁静以致远"，领导干部"一廉如水"，就要树立正确的世界观、人生观、价值观，自觉加强党性锻炼和思想修养，筑牢拒腐防变的思想防线；要树立为人民谋福利、为社会主义事业献身的理想志向，兢兢业业、踏实工作，乐于奉献；要视党纪国法为"高压线"，时时讲规矩、事事守规矩，敬畏人民、敬畏组织，保持警钟长鸣，做到公正用权、依法用权、为民用权、廉洁用权，保持共产党人的高尚品格和廉洁操守。

10 算长远账，算政治账，算民心账

算账，人人都会，也是人们日常生活中最常见的一种现象。"吃不穷，穿不穷，打算不到就受穷"，一句老话，道出了咱中国人爱算账的传统，也道出了算账的重要性。习近平总书记强调，领导干部看问题，作决策，一定要多打大算盘、算大账，少打小算盘、算小账。"买卖不算账，生意难兴旺"，从特定角度来说，领导干部"为官从政"在一定程度上好比"做生意"，说起来容易，"算好了"不易，满脑子"糊涂账"必然"业绩惨淡"、人生失意；只有扎实算好"长远账、政治账、民心账"这几本大账，每一笔都清清楚楚、明明白白，才能行稳致远，"生意"才能越做越红火。

算好"长远账"，始终凝心聚力谋发展。 习近平总书记强调，领导干部"要有'功成不必在我'的境界，'不贪一时之功'，'不

图一时之名'，'一张蓝图绘到底'，'一茬接着一茬干'"。当前有成效、长远可持续的事要放胆去做，当前不见效、长远打基础的事也要努力去做，绝不能"空前绝后"。领导干部要为党和人民算大账，算长远账，绝不能眼睛只盯着自己，心里只装着自己，行动只为自己；要站得高、看得远、想得深，自觉培养"计天下利、创千秋业"的思维，定规划、绘蓝图、抓实效，不断积小成为大成，积小胜为大胜；要做群众看得见、摸得着、得实惠的实事，更要着眼长远，谋长远之策，行固本之举，干好那些为后人做铺垫、打基础、利长远的工作。

算好"政治账"，*始终旗帜鲜明讲政治*。 对于领导干部来说，严守党的政治纪律和政治规矩是最根本的要求，若要在为官之路上取得成果，就先要坚定自己的政治立场和政治方向，才能不负于党和人民的期待。倘若丧失理想信念，把握不住自己，则必然会断送自己的政治前程，以往的辛苦努力终将毁于一旦。领导干部要算清给党和人民的事业、党和政府的形象造成的损失和损害以及自己在政治上的得失这"一大一小"的政治账，就要牢固树立大局观念和全局意识，增强"四个意识"、坚定"四个自信"、做到"两个维护"，坚定不移地站稳政治立场、增强政治定力，始终与党中央在思想上政治上行动上保持高度一致；要坚定理想信念，勤廉从政，一心为民，这样才能得到组织的信任和培养，才能延续自己的政治生命。

算好"民心账"，*始终心中有民敢担当*。 群众在你心中有多重，你在群众心中就有多重。领导干部是不是"心中有民"，往往就看你是不是算"民生账",为"民生算账"。算"民生账",不一定能写进历史,却一定会刻在群众心中。领导干部要把保障和改善民生摆在优先位置,解决好群众最关心最直接最现实的利益问题,实现人民安居乐业;要视群众为老师,虚心请教群众,认真学习群众,真情实意融入群众,与群众打成一片、想到一块、干到一起,依靠群众力量,尽好"为官一任、建设一方、发展一方"的责任。

11 保持如履薄冰的谨慎,增强见叶知秋的敏锐

习近平总书记强调:"越是取得成绩的时候,越要有如履薄冰的谨慎,越要有居安思危的忧患。"领导干部一言一行系于整体、关乎全局,权力越大越要注重欲望和小节,时刻保持一种如临深渊之感和政治敏锐性,小心谨慎,才能透过现象看本质,增强抵御风险的能力。

谨言慎行,方能行稳致远。习近平总书记强调:"越是党龄长、职务高、成绩大,越要谦虚谨慎、戒骄戒躁,而不能居功自傲。"小心谨慎的人,会对事物作整体的、细节性的考虑,小心评估利弊得失,并且时常反思自己的决定和行动,吸取经验教训,自然能把事做对、做好,且不容易出问题。而现实中,有的干部遇事轻率、做事草率,凭心情做事、鲁莽行事、一味蛮干,甚至出现滥用权力,等等;其结果必然是误事、坏事、出事。小心驶得万年船。一名领导干部,应该有时不我待、无功即过的危机意识,时刻怀抱一

份如临深渊、如履薄冰的惶恐，不断检视自己的言行，看看行权有没有偏差、工作有没有纰漏、群众有没有不满。无论是干事创业，还是廉洁自律，都必须慎字当头、慎之又慎，谨慎对待每一项工作、每一个决策、每一个细节，做什么事都看准方位、找准站位、把准定位，绝不能马虎大意、有恃无恐，更不能有权就任性，方能在从政道路上行稳致远。

见微知著，方可防微杜渐。习近平总书记强调："领导干部要有草摇叶响知鹿过、松风一起知虎来、一叶易色而知天下秋的见微知著能力，对潜在的风险有科学预判，知道风险在哪里，表现形式是什么，发展趋势会怎么样，该斗争的就要斗争。"生活中许多看起来微不足道的小事、细节，往往折射出事物的发展和变化。做人做事，如果没有出众的敏锐性，整天浑浑噩噩，把握不住形势，看不清问题，就会在遇到问题时手忙脚乱、难以招架。领导干部要善于用政治上的"望远镜""显微镜"看待和分析问题，见微知著，增强政治敏锐性，不断提高政治鉴别力、政治领悟力、政治判断力，用一双透过现象看本质的慧眼，看清形势、把握规律、判明利害，从最坏处着眼，未雨绸缪，切实做到防微杜渐。

12 拥有荣辱不惊的心理素质、百折不挠的进取意志、乐观向上的精神状态

领导干部肩负着社会主义现代化建设和实现中华民族伟大复兴

中国梦的重任,要奋斗就会有牺牲,就会有坎坷,漫漫征途上没有一帆风顺。"不经历风雨,怎能见彩虹。"面对诸多挑战和诱惑,领导干部要淡泊名利,练就强大内心,保持积极工作状态,才能在人生道路上不畏困难,经受住考验,在努力实干中找准自己的定位和方向。

得之不喜不狂,失之不悲不惜,一切顺其自然。习近平总书记指出,在成长和奋斗中,会收获成功和喜悦,也会面临困难和压力。要正确对待一时的成败得失,处优而不养尊,受挫而不短志,使顺境逆境都成为人生的财富而不是人生的包袱。人之心胸,多欲则窄,寡欲则宽,执着于得失,就会有无尽的欲念、无尽的攀比、无休的争斗,让人难以释怀。只有看淡得失,心存坦然,心胸才会变得宽广,境界才会得到升华。领导干部要理智对待得失,把眼光放长远,面对得失心境淡然,面对名利知足常乐,面对取舍从容坦然,不被身外之物所控制,逐步修炼达到"宠辱不惊,闲看庭前花开花落;去留无意,漫随天边云卷云舒"的境界。

锲而不舍,追风逐浪,拼搏的精神永不停息。西汉时期,司马迁在撰写《史记》进展顺利时,突受"李陵事件"的牵连而遭宫刑。面对奇耻大辱,他没有怨天尤人、意志沉沦,而是百折不挠、锐意进取,终于写出了中国历史上第一部纪传体通史。新时代新征程,领导干部工作任务重、压力大,有时面对困难和挫折,难免会意志不坚定、斗争意识弱化、工作不思进取,这是值得警惕的。习近平总书记强调,干部"要信念如磐、意志如铁、勇往直前,遇到挫折撑得住,关键时刻顶得住,扛得了重活,打得了硬仗,经得住磨难"。领导干部面对重重困难，必须坚持百折不挠的精神，进行艰苦卓绝的斗争，逢山开路、遇河架桥，敢啃硬骨头、敢涉险滩，一往无前，为实现中华民族伟大复兴的中国梦不懈奋斗。

心若向阳，笑对人生，便会春暖花开。达尔文说："乐观是希望的明灯，它指引着你从危险峡谷中步向坦途，使你得到新的生命、新的希望，支持着你的理想永不泯灭。"乐观是一种向阳的人生心态，乐观的人总能看到生活中好的一面，从不消极埋怨，而是从容面对一切问题。一个干部拥有乐观向上的心态才能不断健康成长，反之，拥有消极、懈怠的心态会阻碍成长，甚至引导干部误入歧途。领导干部从事领导工作，关系党和人民事业的发展，应当努力培养和保持一种积极乐观的心态，持续获得心理愉悦和努力工作的不竭动力，积极不消极，乐观不悲观，永远以乐观心态去探索自己和身外的世界，无论身处何种境地，都能正视人生道路，从而推动工作实现新的跨越。

13 以淡泊之心对待名，以知足之心对待利，以从容之心对待苦，以进取之心对待事

"名利淡如水，事业重如山"，这是一个人对待名利和事业应有的正确心态。领导干部既要面对名利交织的考验，又要处理大大小小的事务，这既是对其修养的体检，也是对其本事的考察；要经受住考验，必须保持良好心态，清心寡欲，避免深陷欲望的泥潭，以

正确心态做极简之人、行极简之事。

心态关乎状态，状态影响行为，行为决定作为。 狄更斯说："一个健全的心态比一百种智慧更有力量。"有什么样的心态，就有什么样的工作态度，也就有不同的人生。好的心态，能激发人的最大潜能，是一个人最大的财富。领导干部的心态好坏，不仅关乎个人的成长进步，而且影响一个地方、一个部门、一个单位的工作大局，长远来看，影响事业建设，关乎党和国家的前途命运。现实生活中，有的领导干部还是存在不良心态，羡慕别人的进步和成绩，嫉妒他人的晋升，心态不怎么阳光，甚至行为比较出格，做出一些党和干部群众都厌恶的事情。领导干部不管在何种境地，只有保持客观的心态善待生活，良好的状态对待工作，才能使自己处于好的状态而非在极端之间徘徊，才能把工作抓紧抓实，把事业干得红火。

多一次顺境，就多一次警惕；多一次逆境，就多一分成熟。 健康良好的心态能够使领导干部乐观面对生活中的烦恼和工作中的困难，能最大限度地激发个人创造力和潜力。领导干部要注重培养自己的阳光心态，有好心态才会有好的精神状态，才能把工作做好。作为党的领导干部，要以淡泊之心对待权位，要主动向"二让司令一让元帅"的粟裕、"深藏功名"的张富清、"淡泊名利"的杨善洲等老一辈同志学习，见贤思齐，不为名所缚，学会放下，坦然面对虚名；要以知足之心对待利，明白追逐利益的危害，在利益上要知足知止、知进知退，才会事能知足心常惬，做到无欲则醒、无欲则刚，走好从政每一步；要以从容之心对待苦，面对各种艰难困苦要从容面对，将苦难看作经历，才能在任何时候表现出不慌不忙、镇静自如的形象气质；要以进取之心对待事业，把工作当事业，把事业当追求，以积极进取的精神状态对待事业，始终保持强烈的责任感、使命感，尽职尽责、尽心尽力，善始善终、善作善成，在工作中实现自我价值。

14 不比职务比觉悟，不比表态比行动，不比困难比担当，不比得失比本事

任何事物都有其复杂性、多面性，每个人认知事物的能力也不一样，关键在于当事者怎样看待它们，看事情的认知角度不同，就会得到迥然相异的结果。领导干部作为党和人民事业建设的领导者，为官从政，思想认知一定要高，正确的认知有助于理性认识事物，并合理作出对比，要选择正确的工作方法、工作态度推动工作。

认知正确才能行动正向。正确认知是通过思维活动正确认识、了解事物，理性地作出判断。对领导干部来说，正确认识和判断事物，既是领导干部必备的素质，也是衡量领导干部成熟与否的重要标志，面对职务权力、面对困难矛盾、面对个人得失等都要保持清醒地认知。纵观那些失足、沉沦甚至走到党和人民对立面的干部，有的在权力认识上觉悟不高，有的面对困难问题担当不足，有的过于纠结得失，等等，最终都成了"软骨人"，成了欲望的傀儡。表

现虽说是多种多样、五花八门，但都是脑子里不清醒、认知糊涂造成的。领导干部是否有清醒认知，直接影响和决定着他有什么样的从政行为和表现，也将影响他所在地区、所在单位的发展。只有对待任何事情都保持正确认知，经常检视自己，才能确保从政行为沿着正确的方向前行。

向先进看齐，向模范学习。领导干部要主动向革命先辈、当代模范学习，在各种先进典型中汲取正确的"认知"能力，以榜样的力量提高思想认识，找到自己行为的准星，才能在日常工作中不比职务比觉悟，充分认识职务高不等于觉悟高，觉悟不会随着职务的升迁而自然提高，时刻警惕"觉随官长、官去觉灭"的思想，不论何时何地，都要增强党性修养，提高思想觉悟；才能在日常工作中不比表态比行动，必要的表态无可厚非，但脱离了实际行动的表态是一种哗众取宠的作秀行为，领导干部要少表态、多行动，始终坚持为民、务实、清廉，切实转变工作作风，做到讲实话、干实事，敢作为、敢担当，言必行、行必果；才能在日常工作中不比困难比担当，明白"为官避事平生耻"的道理，职务就是责任，责任就要担当，要不畏艰难困苦，敢于担责，勇于担当，着力破除改革发展进程中的各种矛盾困难，推动各项事业取得更大突破、实现更大发展；才能在日常工作中不比得失比本事，始终秉持淡泊之心、涵养宁静之气，正确看待个人得失，看淡个人名利，从而多琢磨为民做事、少琢磨为己当官，不断提升干事本领，真抓实干，以真本事一步一个脚印地向着目标迈进。

15 态度决定一切,实力捍卫尊严,人要经得起诱惑耐得住寂寞

新时代的领导干部作为干事创业的"主力军",必须不断加强党性修养,提升能力素质,强化廉洁自律意识,努力夯实自己各方面的品质,以正确心态对待工作,以实际力量赢得人心、赢得尊重,始终严于律己,把优秀的习惯、卓越的标准运用到每一项工作中,努力做到最好、做到极致。

态度是个宝,凡事不可少。美国心理学家马斯洛说:"心态若改变,态度跟着改变;态度改变,习惯跟着改变;习惯改变,性格跟着改变;性格改变,人生就跟着改变。"态度决定着个人的行为,态度好坏决定一切成败,以什么样的态度对待工作,就会有什么样的工作行为和工作成效。从业者不如敬业者,敬业者不如乐业者。领导干部对待工作要有爱岗敬业的态度,不管在哪个岗位,都要尊重事业、忠于事业、执着于事业,始终高标准、严要求,做到严谨认真、精益求精、追求卓越,一切事业皆会有所成就。

用实力说话,靠本事吃饭。尊严是独立而不可侵犯的地位或身份。亚里士多德说过,"一个人的尊严并非在获得荣誉时,而在于本身真正值得这荣誉"。常言道"弱国无外交",真实地反映出有了实力才有尊严,有了作为才有地位。国家是这样,个人亦如此,没有实力,即使你喊破嗓子,求人无数次,都没有人在乎你,就难以赢得别人的尊重。自己没有实力,认识的人再多也没有用。领导干部要想获得干部群众拥戴和尊重,就要靠本事说话,不断练就过硬本

领，一门心思积累才干、踏踏实实学知强能，使自己的本事一刻不停地"升级换代""扩容改造"，用行动证明实力，用实力捍卫尊严。

心有所戒，行有所止。习近平总书记强调："一个人廉洁自律不过关，做人就没有骨气。要牢记清廉是福、贪欲是祸的道理，树立正确的权力观、地位观、利益观，任何时候都要稳住心神、管得住行为、守得住清白。"人一旦有了自律意识，就不会忘乎所以、无法无天。如果没有规矩约束，管不好自己，就会成为断线的风筝、脱缰的野马，随时都可能坠入深渊。领导干部必须用规矩律言律行，恪守行事之规矩，常怀律己之心，常除非分之想，才能抵得住诱惑、守得住清贫，做到固本守节，不误入歧途。

水滴石穿，厚积薄发。古人云："锲而不舍，金石可镂；锲而舍之，朽木不折"。人生需要耐心和等待，在等待中煎熬，在等待中获取所求，在等待中成就，在等待中喜悦。当干部，就要善于在坚定、镇定、淡定中韬光养晦、蓄积能量。如果总是沉不下心做事，总想早早看到结果，最好是一步登天，最终往往都是竹篮打水一场空。领导干部无论是自我提升还是干事创业，都贵在坚持，懂得了坚持，才能稳得住心神、耐得住寂寞，坚守岗位、勤奋敬业，厚积薄发，为未来打下坚实的基础。

16 选择比努力重要，态度比能力重要，立场比实力重要

领导干部处理复杂事物，选择、努力、态度、能力、立场、实

力都很重要,但它们所处的地位、对事物发展所起的作用是不同的,总有重要、非重要之分,总有一种处于支配地位,对事情起着更重要的作用。

没有目标的航船,任何方向都是逆风。巴金说:"从容思考,从速实行,方向永远比努力更重要。"对于一个人来说,选择实则是一种人生方向的抉择,选对了,路就宽了,选错了,路就窄了甚至无路可走。领导干部为官从政,有的选定一个方向后为之坚持不懈地努力,尽管最后事与愿违,但他们仍保持方向不变,不愿放弃,而事实上,这种选择让他们成了失败者;也有的在意识到错误后,尽快分析原因,调整了努力的方向,最终更快地找到出路、获得成功。领导干部要明白选择比努力更重要,选对了方向并为之努力,更能令我们的事业事半功倍,使人生征途越走越宽、越走越稳。

态度不端正,能力再大也难成事。一个人是否拥有良好的心态,反映一个人对成长的态度。做任何事情,成败的关键不在于拥有什么样的学历,拥有什么样的资历,而在于做事的态度。态度如果出了问题,肯定是干不好事、干不成事的,再大的能力也无济于事。领导干部哪怕有较强的工作能力,如果不去身体力行,态度消极,终不能成就大事;相反,只要工作态度端正,即使能力不强,但能用积极认真的态度去工作,久而久之,工作能力也会逐步提高。因此,领导干部干事不应当只讲能力,应当先摆正态度,有了正确态度,再充分利用能力,两者就能相得益彰。

立场不坚定,实力越强的人危害越大。立场是认识和处理问题时所处的地位和所抱的态度,领导干部的立场主要指政治立场坚不坚定、理想信念牢不牢靠。习近平总书记强调，看一个干部是否合格，第一位的就是看理想信念是否坚定，如果理想信念不坚定，能耐再大也不是党需要的好干部。近年的一些腐败案件中，"能人腐败"现象引发了不少议论，这些"腐败能人"多数是身居要职、实力强劲、政绩突出的领导干部，如果不是因为贪腐，有的人可能会造福一方。他们的堕落也给我们敲响了警钟，领导干部只有把坚定的政治立场放在首要位置，深刻认识政治立场比实力重要，人生才不会偏航。只有政治立场坚定了，实力越强，事业成就才会越大；如果政治立场不坚定，实力越强，给事业造成的伤害就越巨大、越严重。

17 为人做事本分，必然走向成功；做事心存侥幸，必然失败不幸

古语云："知责任者，大丈夫之始也；行责任者，大丈夫之终也。""十四五"时期，统筹推进高质量发展大局任务艰巨、责任重大，领导干部为官从政应当为人老实、本分做事，决不能敷衍应付、作风漂浮，存侥幸心理。要发挥主观能动性，以高度的责任感、使命感诠释赤诚担当。

坚守本分是为人处事之要。邓小平同志说："做老实人，说老实话，办老实事，这是一个共产党员的起码标准。"守本分，主要体现在说话老实、干事踏实、生活朴实、为人真实，这是每一名

党员领导干部为官从政的重要原则。领导干部要深刻认识守本分是干成事的前提，如果不守本分，做事心存侥幸，是非常危险的信号，久而久之，最终会危害党和人民的事业。领导干部为人做事要守本分，要树立老老实实、扎扎实实、踏踏实实的工作作风，直面困难的挑战，在关键时刻和危急关头豁得出来、顶得上去、经得住考验，以雷厉风行、不抓则已、抓则必成的作风做出实实在在的业绩；要始终恪守老实本分的品质，自觉把党章党规党纪挺在前头，主动担当，履职尽责，踏实干事，在干事的道路上越走越远，最终获得成功。

心存侥幸是思想的"蛀虫"。"心存侥幸"是指一个人做了错事或坏事以后，仍然抱有不被发现、不被惩罚或没有后果的心理。习近平总书记指出："领导干部要心存敬畏，不要心存侥幸。"心存侥幸是一种铤而走险的心理，侥幸非常道，靠侥幸过日子，思想容易被侵蚀，迟早要"栽跟头"，人生必然失败不幸。领导干部如果怀有侥幸心理，干事创业必然畏首畏尾、偷奸耍滑，个人事业必然不会有所起色，迟早会从领导干部蜕化变质为党内"蛀虫"，理想信念动摇、对党不忠诚不老实，走向党和人民的对立面，人生终将一事无成，最终滑向罪恶的深渊。

领导干部是党和国家各项事业的先行者、推动者和落实者，是干事创业、推动发展的中坚力量，要明白守本分的重要性、心存侥幸的危害性，坚持本色做人、本分做事，自觉守好"责任田"，把责任扛在肩上，把使命放在心中，按职能职责办事，思为、敢为、乐为、有为，决不抱有侥幸心理。

18 食能止饥，饮能止渴；畏能止祸，足能止贪

荀子曾说："人生而有欲。"人既有基本需求，如吃饭、喝水，也有较高层次的自我实现欲望，如权力、金钱等，领导干部也不例外，如果管不好贪欲，最终会沦为阶下囚。一支过硬的干部队伍是保障党和国家事业顺利发展的中坚力量，而贪官会严重削弱党的力量、污染政治生态，必须坚决予以抵制。领导干部要心有所畏、懂得知足，做到行有所止，自觉把讲规矩守纪律作为为官从政的原则。

欲望是一个人最大的仇敌。宋朝朱熹曾言："世路无如人欲险，几人到此误平生。"人生的道路上没有比贪欲更险恶的，多少人因此而毁了自己。我们党的性质和宗旨决定了党与腐败是水火不相容的，决定了领导干部必须始终坚持秉公用权、保持清正廉洁。领导干部清廉为政、不当贪官，既是底线，也是基本要求。作为特殊群体，领导干部掌握着党和国家赋予的公权力，面临着各种诱惑，一旦管不住自己的欲望，不遏制贪婪之心和非分之想，就会被犹如火之燎原、水之滔天的欲望毁了一生。领导干部应当理性对待欲望，以理导欲、以理制欲，对权力要心存敬畏，不能恣意妄为；要知足常乐，不存非分之想，走好走稳从政之路，否则必然会因为一己私欲招来祸端。

知足终身不辱；知止终身不耻。《老子·德经》言："知足不辱，知止不殆，可以长久。"习近平总书记指出："一个人能否廉洁自律，最大的诱惑是自己，最难战胜的敌人也是自己。"内不腐则虫无以生，自身过硬才能百毒不侵。领导干部清正廉洁就是保全自己，手

握公权，稍有不慎，就会误入歧途、被拖"下水"，一生耻辱将难以洗刷。要时刻保持清醒头脑，对法律法规常怀敬畏之心，心存戒惧之意，守住底线、不碰红线，自觉用纪律规矩规范自己的言行，知道什么该做什么不该做，对逾矩越轨之事不想、不干；要保持知足知止心态，对诱惑要懂得拒绝，对贪念要强烈制止，时常对自己的行为进行反思，对于苗头性、倾向性的问题，及时遏制，不越雷池一步；要绷紧廉洁自律这根弦，时刻牢记"当官发财两条道"的教诲，淡泊名利、洁身自好，做到有权不任性，律己不放松，永葆共产党员清正廉洁的政治本色。

19 对过去，要淡；对现在，要惜；对未来，要信

一个人的幸福生活，需要有好的姿态。领导干部要想获得幸福人生，应当怀有三种姿态。对过去的事，不要太在意，要学会看淡；现在的一切要好好珍惜，不要失去了才后悔莫及；对未来要充满信任，要有担起事业重担的自信和战胜任何困难的勇气。领导干部要正确看待生活中的点点滴滴，对过去、现在、未来的事要有更清醒地认知，才能把好人生航向。

回首过去，宠辱不惊。 荀子曰："苟日新，日日新，又日新。"事物每天都在与时俱进、日新月异。作为领导干部，面对过往荣誉和成绩，要拿得起放得下，这是一种人生智慧和健康心态，也是一种能把过去看淡的姿态。然而，对少数领导干部来说，拿得起容

易，放得下却很难，经常是"才下眉头、却上心头"，不能正确对待以往荣誉和成绩，总是躺在以往功劳簿上沾沾自喜、自我膨胀，严重影响干部心态。领导干部只有对过去的成绩淡然处之，才能在前进的道路上更加清醒。要懂得放下包袱，适时让自己思绪清零、心态归零，轻装上阵，这样才能"拿得起"更多责任、"拿得出"更多成效。

珍惜当下，敬业奉献。人不能控制过去，也不能控制将来，能把握的只有此时此刻的心情、语言和行为。领导干部要清醒地认识过去已成往事、现在的一切应当珍惜。党和人民给予了我们施展才华的舞台，我们通过组织的精心培养和自身的不懈努力，一步一步成长来到领导工作岗位，一切来之不易。领导干部要珍惜现在的工作岗位，要有知足之心、感恩之心，爱岗敬业，乐于奉献，注重把自身关注的焦点、思考问题的切入点、干事创业的着力点，放在当下的各项工作中，把有限的时间放在有意义、有价值的事情上。

相信未来，勇毅前行。不纠结过去的事，干好当下的事，也要展望未来的事。习近平总书记指出，"新时代要有新气象，更要有新作为"，"有多大担当才能干多大事业，尽多大责任才能有多大成就"。社会主义现代化建设已开启，远景蓝图已铺陈开来，正是建功立业的好时期，领导干部要相信未来可期，要始终在党的领导下，善于判断和把握形势，以时不我待的紧迫感，谋发展、抓发展、促发展，不断闯出新路子、创造新局面、实现新跨越，在社会主义道路上笃定前行，坚信未来是美好的，始终以责任担当赢得认可，从而担当起更大的重任。

第二篇

调查研究求是求实的本事

20　机会是为才能准备的，才能是为成功准备的

俗话说，"台上一分钟，台下十年功"。成功来源于日积月累而非一时之机。当机会来临时，只有已经具备相应的才能，方可抓住机会，进而取得成功。机会千载难逢、稍纵即逝，它不会眷顾没有准备的人。习近平总书记强调："进入新发展阶段，国内外环境的深刻变化既带来一系列新机遇，也带来一系列新挑战，是危机并存、危中有机、危可转机。"身处大有可为的历史机遇期，领导干部只有一点一滴地提升自己的能力、积蓄自己的能量，才能果断地抓住机会，用奋斗赢得成功。

机会总是垂青有才能的人。能力和实绩是获得机会的基础和前提，机会是能力、实绩达到一定程度后出现的必然结果。尽管机会的出现往往以偶然性的形式表现出来，但偶然性体现必然性，机会就是以偶然性的形式表现出来的必然性。现实生活中，那些平时注重提高自身素质和水平、扎实勤恳工作的领导干部，总会比别人得到更多的机会，即便偶尔丧失一两次机会，也不会对他们今后自

身的发展造成太大影响，因为这样的领导干部往往能凭借其出众的才智和过硬的工作实绩，在实际工作中脱颖而出，获得发展机会。相反，那些能力平平、没有多少工作成绩而一味追求个人机会的领导干部，尽管通过一些不正当的手段也能获得一些机会，但他们获得的机会应该是非常有限的，即使获得了机会，也会因为自己工作能力有限、工作业绩匮乏而难以从根本上把握住机会。领导干部必须正确认识和处理机会与能力的关系，在工作实践中注重自身能力与实绩的提升，而不是片面地夸大机会的作用，盲目地追求个人发展的所谓"机会"，唯有如此，才能在事业上真正取得成就。

艺高人胆大，走遍天下都不怕。"褚小者不可以怀大，绠短者不可以汲深"，现在多引申指人如果没有较强能力本领、素质实力，就难堪大任。伟大事业要发展、艰难险阻要攻克、各种风险要防范，必然要求领导干部在干事创业上得有两把刷子。回望我们党100多年波澜壮阔的历史，"星星之火，可以燎原""摸着石头过河""不管黑猫白猫，抓到老鼠就是好猫""解决了许多长期想解决而没有解决的难题，办成了许多过去想办而没有办成的大事"，中国这艘大船在每个人的奋斗中披荆斩棘、乘风破浪，这都是一代一代共产党人靠着学习实践磨砺出的过硬能力本领，前赴后继地艰苦奋斗得来的。但当下，一些干部安稳日子过得久了，忧患意识少了，墨守成规、因循守旧，习惯用老思路、老套路来应对，蛮干盲干，工作很辛苦但方法不对路，新办法不会用，老办法不管用，硬办法不敢用，软办法不顶用，最终搞出一些南辕北辙的事情。进入新时代，面对层出不穷的新生事物、新的问题，面对伟大事业、伟大复兴，肩负重大历史使命的领导干部，决不能"以其昏昏、使人昭昭"，必须努力提升"八种本领""七种能力"，成为一名能干事、干成事、不出事的干部。

21 最优秀的人，是最有学习力的人

学习力是学习能力、动力、态度、终身学习和创新能力的总合，是获取和整合知识，并把知识资源转化为知识资本，以获取和保持竞争优势的能力，是提升人的综合能力和素质的重要源泉。学习力是优秀的原动力，是人与人之间差距的根本，没有学习力就没有竞争力，优秀的人一定是学习力强的人。领导干部只有持续提高学习力，才能增强竞争力、创造力、领导力，不断适应新时代、践行新理念、迎接新挑战、打开新局面。

学历代表过去，能力代表现在，学习力才代表未来。 习近平总书记强调："好学才能上进。中国共产党人依靠学习走到今天，也必然要依靠学习走向未来。我们的干部要上进，我们的党要上进，我们的国家要上进，我们的民族要上进，就必须大兴学习之风，坚持学习、学习、再学习，坚持实践、实践、再实践。"学习力就是战斗力，学习力是其他各项能力之母，增强任何能力本领都要通过学习。造成一个人后天差别的主要因素不在于先天的智商，而在于后天的学习。如果说车是人类腿脚的延伸，使人们走得更远，那么

做干部必须**有本事**

学习就是人类已有能力的延伸，可以使人们拥有更多的能力。学习是一个人不断自我完善的过程，在学习上的每一次投入付出，都将内化为自身的能力素质，成为我们前进的阶梯。然而，有的领导干部缺乏学习的兴趣和热情，不读书、不看报、不学文件；有的搞"应景式"学习，装门面、做样子，没有入心入脑；有的学用脱节，学而不思、学而不信、学而不用、学而不行。出现这些问题，归根结底还是不重视学习力的修炼。领导干部只有不断提高学习力，才能不断加快更新知识储备，优化知识结构，拓宽眼界和视野，克服本领不足、本领恐慌、本领落后的问题。

把提高学习力作为立身之本、兴业之基。党的十九大报告提出的"八种本领"中，摆在第一位的就是学习本领。优秀的领导干部往往都谦虚好学、都十分重视学习，他们时刻不会忘记学习，不断通过学习来提高自己素质能力，不断为党和人民作出更大的贡献。领导干部提高学习力，就是要增强学习的动力，秉持以学立身的理念，把学习作为自己的一种责任、一种刚性需求、一种人生追求，作为获取才智、磨炼意志、修身立德、增强本领的重要方式，通过不断地学习来提升自己，真正做到学在前面、干在实处、走在前列。要提高学习的能力，优化学习的方法，既要抓住学习重点，也要注意拓展学习领域，既要向书本学习，也要向实践学习，既要向人民群众学习，也要向领导和专家学者学习、向一切有益的经验学习，切实把学习成果转化为解决问题矛盾的能力，不断夯实能力之基。就是要增强学习的毅力，强化活到老、学到老的思想，坚持在做研究状态下工作，坚持学习、学习、再学习，以"学不可以已"

的精神一辈子孜孜不倦地学习，切实做到日积月累、久久为功，常学常新、永无止境。

22 学习的最终目的是建立并完善属于自己的知识体系，并用这套知识体系去了解世界、洞察社会、指导工作和生活

知识体系是指把大量不同的知识点，系统、有序、指向性明确地组合成某种类型的知识架构。习近平总书记强调，各级党政干部不管在哪个岗位，都必须具备基本的知识体系，"我们的干部是复合型干部，有些知识是基础性的，都得掌握，不可偏废，然后再术业有专攻"。"基本的知识体系""复合型干部"是一名合格领导干部的"标配"，通过学习不断优化知识结构、完善知识体系、指导实践应用，方能适应岗位需要、推动事业开展。

零碎的知识犹如砖块，知识体系犹如高楼大厦。习近平总书记强调："没有正确方向，不仅学不到有益的知识，还很容易被一些天花乱坠、脱离实际甚至荒唐可笑、极其错误的东西所迷惑、所俘虏。"知识学习的根本目的，就是建立并完善属于自己的知识体系，并把它转化为科学的思维。强大的知识体系是人思维方式、思想观点来源的基础。知识资本是最重要的领导资本，不仅要积累，还要与时俱进地更新。毛泽东同志曾将学习比作开铺子，若本来东西不多，一卖就完，空空如也，再开下去就不成了，再开就一定要进

货。领导干部的知识体系，也像是一个铺子，若是不善于接纳"新货"，就会越来越干瘪、越来越欠缺。领导干部只有及时更新知识体系，优化思想内存容量，扩大知识外延增量，才能避免陷入少知而迷、不知而盲、无知而乱的困境。

掌握世界观和方法论，万事就会一通百通。孟子说"尽信书，不如无书"，朱熹主张"为学之实，固在践履。苟徒知而不行，诚与不学无异"，就是要心领神会，身体力行。只有通过不断实践，才能使知识体系转化为自己的实践智慧，达到学以致用、活学活用、用以促学、学用相长，形成良性循环。空学理论，无异于本本主义者、空想主义者。习近平总书记强调，一个人如果不注重把学到的知识运用到工作中、落实在行动上，即使他"学富五车、才高八斗"，也不能说达到了学习的最终目的。领导干部不仅要治有用之学、读有用之书，用新知识提升专业本领，构建自身知识体系；还要在学习和运用上"双管齐下"，在学习中察实情、出实招、办实事、求实效，真正把学习成果转化为世界观和方法论，从而获得解决矛盾、推进发展、改革创新、锐意进取的强大力量。

铢积寸累抓学习，融会贯通建体系。学可益智、学可广才，好学才能上进，好学才能有本领，好学才能转作风。一个拥有坚定信仰的干部，一定是勤学善思的忠诚卫士。习近平总书记强调，领导干部要努力构建符合时代要求的知识结构，注重学习的系统性、全面性。领导干部知识体系包含内容很广，既包括理论知识，又包括实践知识；既有政治方面的，又有技术方面的。要提高学习层次，使知识结构从经验型向科学型转变，将理论高度与实践深度有机结合起来。要拓宽学习领域，使知识结构从单一型向综合型转变，在提高政治素质的同时，广泛涉猎经济、文化、科技、社会等方面知识。要增加学习深度，使知识结构从粗放型向精专型转变，沉下心、钻进去，将学习与解决人民群众关心的教育、医疗、住房、就业等重大社会热点难点问题结合起来，努力成为本专业、本领域的行家里手。

23 除了学习，没有任何方法可循；除了实干，没有任何捷径可走；除了担当，没有任何胆识可言；除了奉献，没有任何境界可讲

俗话说，软肩膀挑不起硬担子。无论是干事创业还是攻坚克难，不仅需要宽肩膀，也需要铁肩膀。党和国家事业越发展，对领导干部的能力要求必然越高。习近平总书记强调，干部要勇于直面问题，想干事、能干事、干成事，不断解决问题、破解难题。面对国内外环境的深刻变化带来的一系列新机遇和新挑战，领导干部必须自觉加强学习、勇于干事、敢于担当、勤于奉献，才能成为组织认可、群众满意的好干部。

*自强为天下健，志刚为大君之道。*古有诸葛亮"鞠躬尽瘁，死而后已"，范仲淹"先天下之忧而忧，后天下之乐而乐"，文天祥"人生自古谁无死，留取丹心照汗青"，林则徐"苟利国家生死以，岂因祸福避趋之"，他们生动地诠释了中华民族优良传统的精神内

涵。共产党人吸收了中华民族优良传统的精华，在实学实干中将担当奉献精神不断发扬光大。于是，今有献身"绿色事业"的塞罕坝人，热爱祖国、无私奉献的"两弹一星"元勋，"青山处处埋忠骨，一腔热血洒高原"的孔繁森，"心有大我，至诚报国"的黄大年，等等。国家的发展，离不开千千万万干部的担当作为、无私奉献。中国特色社会主义已进入新时代，看似寻常最奇崛，成如容易却艰辛，是不计其数的开拓者栉风沐雨，才让中国取得了跨越式的发展。聚力拥抱新时代，扬帆起航迎未来，对此，更需领导干部始终加强学习、锐意进取、担当作为、无私奉献。

学习不浮表面，干事不讲条件，担当不计得失，奉献不求回报。毛泽东同志在《湘江评论》中写道："天下者我们的天下。国家者我们的国家。社会者我们的社会。我们不说，谁说？我们不干，谁干？"知重负重，攻坚克难，家国天下，舍我其谁。作为领导干部，要时刻有一份本领恐慌的危机感和紧迫感，深入反思知识上的短板、经验上的盲区、能力上的弱项，坚持以学修身、以学增智、以学促干，不断提升思想境界、强化能力素养、提升担当能力。要保持干字当头的精气神，把中心工作抓牢抓实，推动各项工作提速、提效、提质。要担当起该担当的责任，以敢为之担当展示干事之作为。要以习近平总书记强调的夙夜在公精神，在岗一日、尽责一天，用自己的心血和汗水把"十四五"的美好蓝图变为现实，让人民群众有更多实实在在、公平公正、可触可感、能够持续的获得感。

24 让书籍滋润心灵，让阅读开启心智

书籍是文化传承的载体，蕴藏其中的家国情怀和奋斗激情，给人思想启迪和精神动力。通过一本书，在时间上思接千载，在空间上视通万里。书本虽小，但就像一个时空容器，"黄鸟于飞，集于灌木"的美丽意象、"金戈铁马，气吞万里如虎"的宏大场景、"究天人之际，通古今之变"的深沉思考……古今中外都可尽收其中。读书，使人既能向外看见更开阔的世界，又能向内看见一颗与世界同样宽广的强大内心。

书籍是心灵的绿洲，阅读是智慧的源泉。翻开书籍，就如同打开了一扇通往内心世界的窗口。在纷繁复杂的现实环境中，人们容易随波逐流、迷失方向，读书使人回归心灵的故乡，找到心斋坐忘的静笃，回到"复得返自然"的恬淡从容。古往今来的实践证明，读书是让人变得聪明的捷径。用千百年来的人类智慧浇灌你，用许许多多一流的头脑帮助你，这就是读书的功用。领导干部顺境时读书，它会赋予你奋进的力量和清醒的思考；逆境时读书，它能带给你更多的慷慨与辽阔。当职业发展遇到一时挫折，可以从那些伟大人物传记里受到"艰难困苦，玉汝于成"的激励；当工作生活面临一时困境，可以从各类书籍中获得"柳暗花明又一村"的启迪。领导干部要自觉涵养"书卷气"，通过读书，使自身的心灵变得更加丰盈，心智变得更加成熟。

让书籍成为最好的朋友，让阅读成为最大的爱好。领导干部多读善思，必然更能适应工作、免除"本领恐慌"，也更易脱颖而出。

新时代领导者应该是学习者的典范,爱读书、好读书应成为其代表符号。要读好书,既要读"文史哲"方面的书,又要读马克思主义经典著作,党的路线方针政策和国家法律法规,读好工作所需要的经济、政治、法律、文化、社会等领域的各种知识书籍,还要读实践这一无字之书。要善读书,发扬"挤劲""钻劲""韧劲",挤出时间读,不读明白誓不罢休,终生坚持读,遇到难题也不退缩,把苦读与巧读结合起来,把系统阅读与观察思考结合起来,把读与写结合起来,把学习与质疑结合起来,把读原著与悟原理结合起来。要会用书,注重把读书学到的知识、理论与方法运用到实际工作中去,进一步学会运用马克思主义立场观点方法,理解和把握中国特色社会主义理论体系,坚持和发展中国特色社会主义。

25 应当养成广泛阅读兴趣,只有这样才能扩大自己的视野,深化自己的人生观,同时培养开放的态度

开卷有益,多多益善。列宁有句名言:"只有用人类创造的一切财富的知识来丰富自己的头脑,才能成为共产主义者。"毛泽东同志也曾说,一个人的知识面要宽一些。现代社会是知识急剧更迭的时代,一年读25本书是及格,读50本书是保本,读100本书以上才是优秀。读古可以吸收历史沉淀,读今可以浸润于现代气息,读文给人以灵性,读史使人明得失,读哲给人以智慧,读经使人经世致用,广泛阅读,犹如站在巨人的肩膀上,会有"会当凌绝顶,一

览众山小"的境界。

阅读关乎精神成长，拓展生命空间。阅读，是我们脱离蒙昧的路途，一个人的阅读史就是其精神成长史，阅读过程就是一个明了事理、处身社会，实现"自然人"到"社会人"完美转型的熔炼过程。如饥似渴地阅读，使人增长知识、开阔视野、陶冶情操，提升思维能力，拓展胸襟格局。马克思一生博览群书，阅读之广泛、学识之渊博，极少有人能与其相比，他的女儿问他一生最喜欢什么，他说"我自己最喜欢的是啃书本"，正是靠着这种"啃书本"的爱好，他以毕生精力专门研究了政治经济学、哲学、政治学、法学、历史学和社会学等各种学科，从而使他的思想如此深远地影响和改变了世界。阅读的广度决定着精神的厚度，阅读越广，理解越深，精神世界就会越宽广充实，精神追求就会越坚定执着。

至乐莫过于读书，爱书者无忧。习近平总书记指出："领导干部应该把学习作为一种追求、一种爱好、一种健康的生活方式，做到好学乐学。"强调了读书的重要性，倡导全社会要加强读书学习。学者非必为仕，而仕者必为学。面对新时代新形势新任务，领导干部只有永葆对知识永恒求索的热情，广泛涉猎，兼收并蓄，吸纳丰厚理论营养、博采各类知识精华，才能登高望远、洞察时势、驾驭工作，始终保持思想的先进性、思维的活跃性、思路的开阔性，达到"究天人之际，通古今之变"的境界。领导干部要培养阅读的兴趣，把"要我读"转化为"我要读"，变"学一阵子"为"学一辈子"，使阅读内化于心、外化于行。

观遍天下书，博采众家之长。广泛阅读既要博涉为贵，又要博览机要。不仅要多读一点历史、多读一些反映优秀传统文化的书籍、多读当今时代的各种"百科知识",而且要由今联想到古、由古启发到今,善于把现代知识放到古代去对比,把古代的知识拿到今天来验证,从历史变化的角度来消化理解。不仅要广泛阅读国内外各种优秀书籍,而且要学会用世界眼光、全球视野,联系中国实际,善于把握中外文化差异,比较鉴别、相互欣赏,促进国内外各种知识在自己大脑里相互融合。不仅要广泛阅读关于"上层建筑"的各种书籍、来自"乡间民野"的各种"有字之书"和"无字之书",而且要强化"立体思维",从不同的维度去思考,以拓宽思维空间、提升阅读创意、提高读书效率。不仅要多读正向激励的"好书"、给人警示自警的"坏书",而且要坚持逆向思维和正向推理结合,坚持真理,敢于质疑,做到明辨是非、爱憎分明。

26 不仅需要"独上高楼,望尽天涯路"的眼界,也需要"衣带渐宽终不悔,为伊消得人憔悴"的思考

看待问题站得高,就能视野宽广看得远,才能"会当凌绝顶,一览众山小"。而思考问题就要深思熟虑、周密运筹,才能行得稳、走得远。因此,一个合格的领导干部,既能从全局视角谋划问题、用长远眼光思考问题、从整体思路把握问题,也善于提前把各种困难、问题、不足都考虑清楚,做好防范或应对预案。高眼界强调的是要有战略眼光、大局意识,深思考强调的是要认清实质、找准症

结，两者结合才能切实做好工作。

望远需登高，方知天外天。眼界决定心界，眼界不仅是目力所及，它的实质是人观察世界的视角与方法，一个人站得高看得远了，才会更有底气、更能辨清前进的方向。眼界高，才能视通万里，眼观六路、耳听八方，多方面、多层次、多角度观察分析问题；才能思接千载，培养出世界眼光、战略眼光、历史眼光，从全局、宏观、长远上认识和把握问题，准确把握新时代脉搏，作出正确决断。如果鼠目寸光、一叶障目，不能跳出自身看自身、胸无全局、以管窥天，就会迷失工作的正确方向，陷入见子打子、疲于应付、茫然无措的境地。领导干部要习惯"身在最高层"看问题，看得更广、更远、更深，要培养战略思维和战略眼光，不断提高站位，坚持从大局和长远出发，自觉站在更高的层次来观察、分析和解决问题。要站在全局的高度来分析和研究问题，从维护党和人民的利益出发，立足全党工作的大局，议大事，抓根本，把事关大局、影响全局的问题分析透、研究透。

深思方成事，熟虑以致远。古人云："心要常操，身要常劳。心愈操愈精明，身愈劳愈强健。"养成思考的习惯，多思、常思、善思，大脑就会越来越精明，思维就会越来越缜密。只有勤于思考、善于思考，思考得深、思考得全，才能透过现象看本质，把事情的本质和规律想通、想透；才能认清事物发展方向，见微知著、未雨绸缪，理清工作思路；才能找准问题的症结所在，识别良莠、明辨是非，精准施策，周全行事，减少或避免不必要的失误；才能不断地总结经验教训，吃一堑、长一智，杜绝贰过。如果缺乏对问题的深入分析思考，只会陷入茫然，最终陷入"没办法"的困境。领导工作的实质就是发现问题、研究问题、解决问题，而不思考不研究问题，就无法抓住主要矛盾和矛盾的主要方面，就难以有效解决问题。要紧密联系实际，保持思想上的敏锐性，以创新的精神去发现新情况，以全新思维去研究新特点，以深入思考探索新路径，从而使问题得到有效解决。

27 知识和方法相比，方法更容易成为能力；知识和能力相比，能力更容易成为智慧

一个人的事业成功，不仅需要有知识，更需要有能力。那些成功者所具备的知识并不一定比别人的多，但一定比别人更能够正确地运用已有的知识。领导干部水平高不高，不仅要看他读书多不多，更要看他运用理论和知识解决实际问题的方法对不对、能力强不强。

最有价值的知识是方法的知识。事必有法，而后可成。方法得当事半功倍，方法失当事倍功半。方法是落实想法的关键一步。方向正确以后，方法便为王。方法是马克思主义理论的精华。恩格斯曾说："马克思的整个世界观不是教义，而是方法。"毛泽东同志曾指出："不解决方法问题，任务也只是瞎说一顿。"习近平总书记强调："我们只有坚持科学的思想方法和工作方法，严格按客观规律办事，才能真正抓住机遇，办成一些事情，不断把党和人民的事业推向前进。"科学的思维方法、思想方法和工作方法是提高工作质

量的重要工具和手段。经世需理论，致用要方法。领导干部要学习掌握科学的思维方法，善于运用战略思维、创新思维、辩证思维、法治思维、底线思维、历史思维、系统思维、精准思维等开展工作。要学习掌握科学的思想方法，善于运用马克思主义的立场观点方法分析研究解决问题，始终把稳思想之舵。要学习掌握科学的工作方法，严格按客观规律办事，既善于抓住关键、重点突破，又善于"弹钢琴"、统筹兼顾，及时发现和纠正工作中的缺点，使各项工作更加符合客观规律、时代要求、人民愿望。

掌握知识是一种能力，运用知识是一种智慧。学知识犹如开中药铺，能力就是处方，不会处方仍然无法治病，同样几味药材，开的处方有的收到奇效，有的功效甚微。运用知识需要能力，掌握知识也需要能力。毛泽东同志曾说，学习的目的在于应用。邓小平同志曾说，书读得不在于多，要精，要管用。这就是说，知识虽然重要，但更重要的是运用知识和掌握知识的能力。书本人人会读，收效却大不相同。有能力者，会读书，思路对头，方法得当，一入门就能抓住本质，很快消化吸收，进得去、出得来，越读越活。欠能力者，学而不思，死啃书本，全靠强记硬背，只知其然不知其所以然，累得头昏脑涨也所得无几。领导干部身为党和国家事业的中坚力量，是一个部门、一个地方的决策者和管理者，其能力的强弱，直接影响着国家治理体系和治理能力的现代化。新时代新征程，面对纷繁复杂的形势和异常艰巨的任务，领导干部必须紧跟时代步伐，不断提高政治能力、调查研究能力、科学决策能力、改革攻坚能力、应急处突能力、群众工作能力、抓落实能力，真正在危机中育新机、于变局中开新局，团结带领广大人民群众为全面建设社会主义现代化强国而努力奋斗。

28 让思想理念与时俱进，让知识储备适应变化

世界不是一成不变的，时代在不断发展、社会在不断进步，新事物、新知识、新思想在不断涌现，我们的思想理念、知识储备也必须与时俱进、适应变化。思想是思路的源头，思想解放才会思路宽广，思想理念与时俱进才能创新发展思路。学习是创新之本源，勤奋学习研究一切新知识、新思想、新方法、新科学、新技术，不断丰富知识储备，努力打造推陈出新的知识结构，才能看穿社会现象、处理社会问题，成为党和人民需要的高素质专业化干部。

理念一新天地宽，思想一变日月升。穷则变，变则通，没有什么东西是永远静止不前的，时移世易，我们的思想理念也要跟着改变，才能紧跟时代步伐。习近平总书记强调："解放思想是前提，是解放和发展社会生产力、解放和增强社会活力的总开关。"有思想理念上的"破冰"才会有行动上的"突围"。领导干部思路开阔，首先要在思想理念上寻找突破，关键在于打开解放思想这个"总开关"，努力学习新思想、改造旧思想，用习近平新时代中国特色社会主义思想武装头脑、指导实践、推动工作，开动脑筋、实事求是、与时俱进，用新思想、新办法去应对前进道路上的新情况、新问题，决不做"思想懒汉"。要树立科学的思维理念，培养创新思

维、多向思维、开放思维、辩证思维、跨界思维，不断打开思维空间、打破条条框框，多个视角观察世界、多个角度分析问题，在变中求新、求进、求突破。

加快知识更新，增强知识储备。干部的能力建设不是一劳永逸的事，必须跟上时代步伐，不断提高知识化、专业化水平，不断提高履职尽责的素质和能力。少知而迷、无知而乱的问题，其实就是本领不足、本领恐慌、本领落后的问题。毛泽东同志曾讲过，"现在我们的队伍里面发生了这样一个矛盾，就是我们的干部不学习便不能够领导工作"，"我们队伍里边有一种恐慌，不是经济恐慌，也不是政治恐慌，而是本领恐慌"。领导工作是一种创造性极强的工作，是综合性、系统性的复杂劳动，既需要知识和经验的积累，也需要加快知识更新，这也是对干部履职尽责的必然要求。必须加快知识更新，增强工作的科学性、预见性、主动性，说内行话、做明白人、干正确事，成为工作的行家里手。

29 一切真本领、硬功夫都是练出来的

孟子曰："天将降大任于是人也，必先苦其心志，劳其筋骨，饿其体肤，空乏其身，行拂乱其所为，所以动心忍性，曾益其所不能。"人不经事就不能成长，对于领导干部，越是艰苦环境、吃劲岗位，越是事情多、困难大、矛盾集中的地方，越能磨砺干部的品质，考验干部的毅力，增长干部的才能。要想成长为一名合格的领

导干部，就必须不断"苦其心志""劳其筋骨"，经历千锤百炼，经历各种"世事"，才能真正练就出真本领、硬功夫。

宝剑锋从磨砺出，梅花香自苦寒来。实践长才干，历练出人才。书法家王羲之少年时期就擅长书法，但练字时依然十分刻苦，从不懈怠，经常在家里一个小池子旁练字，并用池子里的水来清洗毛笔，时间久了，池子里的水都黑了，王羲之也终成一代"书圣"。国画大师齐白石坚持每日作画，除身体不适外，从不间断。85岁那年，有一天他一连作画四幅后，又特为前一天补画一幅，并题字道："昨日大风雨，心绪不宁，不曾作画，今朝补此补之，不教一日闲过也。"数学家陈景润为了攻克哥德巴赫猜想，自学了英语、德语，乃至俄语，无论酷暑还是寒冬，陈景润都要花上十几个小时研究哥德巴赫猜想。陈景润证实哥德巴赫猜想时，光演算的草稿纸都装了几麻袋。无论什么样的成功者，无不是从实践中磨炼出来的，只有多经事、多干事、肯请教、善总结，才能不断成长、成熟、成才。

经风雨、见世面、壮筋骨、长才干。温室里养不出万年松，庭院里跑不出千里马。今天，虽然不存在过去那种血与火的战争场面，但是依然面临推进伟大的社会革命的艰巨任务，依然面临具有许多新的历史特点的伟大斗争。领导干部唯有站在革命实践场中闯与干，扎根基层一线思与行，才能在摸爬滚打中增长才干，在层层历练中积累经验，锻造出真正的革命性。剑不磨不利，只有通过千锤百炼这块"磨刀石"，才能培养造就一代又一代可靠接班人，为实现"两个一百年"奋斗目标、实现中华民族伟大复兴的中国梦提供充足干部储备和人才保证。领导干部要一步一个台阶历练，主动到基层一线、急难险重任务中去摔打、去"接地气"、去"蹲蹲苗",在干事中长本事、在历练中变老练,为更稳健的成长打牢基础。

30 在奋斗中砥砺意志品质,在实践中增长本领才干

好干部是磨炼出来的,唯有在奋斗中摔打、在实践中锻造,历经千锤百炼,才能磨砺品质、坚定意志、增长才干、砥砺作风。习近平总书记强调:"领导干部要经受严格的思想淬炼、政治历练、实践锻炼,在复杂严峻的斗争中经风雨、见世面、壮筋骨,真正锻造成为烈火真金。"要想真正锻造成为烈火真金,唯有"咬定青山不放松",以"任尔东西南北风"的定力和滴水穿石、铁杵成针的毅力,在奋斗和实践中久久为功、善作善成。

以思想淬炼"补钙"。当今世界正经历百年未有之大变局,外部环境出现更多不稳定性不确定性,我国进入新发展阶段,需要解决的问题会越来越多样、越来越复杂。领导干部只有具备深厚的马克思主义功底、坚定的理想信念,才能在错综复杂的世界中做到"任凭风浪起,稳坐钓鱼台"。要强化思想淬炼,用习近平新时代中国特色社会主义思想筑牢思想根基,自觉主动学、及时跟进学、联系实际学、笃信笃行学,牢牢把握正确斗争方向。要认真学习党的历史、共和国的历史、改革开放的历史,坚定革命理想信念和斗争精神。

以政治历练"固本"。在干部干好工作所需的各种能力中,政

治能力是第一位的，有了过硬的政治能力，才能自觉做到在思想上政治上行动上同以习近平同志为核心的党中央保持高度一致，在任何时候任何情况下都能"不畏浮云遮望眼""乱云飞渡仍从容"。要强化政治历练，想问题、办事情、作决策，善于从政治高度出发和着眼，不断增强政治敏锐性和政治鉴别力，于一言一行中体现出敢于斗争的坚定性。要自觉用党的纪律特别是政治纪律和政治规矩严格约束自己，画出工作界限、权力边界、纪律底线，常怀敬畏之心，始终做政治上的"明白人""老实人"，始终做到勤政务实、清正廉洁。

以奋斗锤炼"韧劲"。前进途中，有平川也有高山，有缓流也有险滩，有丽日也有风雨，有喜悦也有哀伤，面对各种困难和挫折，需以奋斗砥砺意志品质，历练不怕失败的心理素质，保持乐观向上的人生态度，正确对待一时的成败得失，这样才能使顺境逆境都成为人生的财富。"天行健，君子以自强不息。"奋斗的力量不可估量，中华民族从站起来、富起来到强起来的伟大飞跃是中国人民奋斗出来的，奋斗是时代永恒不变的主旋律。生逢伟大时代，理应以责无旁贷的使命担当和斗志昂扬的奋斗姿态，信念如磐、意志如铁，砥砺前行、笃行致远，在"海阔凭鱼跃、天高任鸟飞"大有可为的新征程里努力有所作为。

以实践锻炼"动能"。担当起该担当的责任，是当代共产党人一向的精神风范和崇高境界。领导干部要在实践中练就强烈的担当精神和会干事、干成事的高强本领。要强化实践锻炼，多经历一些大事要事、急事难事，在急难险重任务中去磨炼自己，在困难逆境中磨炼意志，在实践中获取真知识，学到真功夫，掌握硬本领，不断提升能力素质。要勇于担担子，直面一线问题，真正做到从群众中来、到群众中去，成为群众的贴心人，切实解决群众急难愁盼问题，在实践中不断提升调查研究、应急处突、狠抓落实等能力。

31 由经验而得的智慧，胜于学习而得的智慧

智慧是人所具有的基于生理和心理器官的一种高级创造思维能力。领导干部的智慧高低与决策能力紧密相连，富有智慧能帮助其在纷繁复杂的形势中廓清迷雾，在运筹帷幄中决胜千里之外，制定科学的目标，谋划正确的道路，应对各种风险和挑战。因此，通过各种方式获取智慧是一个长期过程，须臾不可间断。当前，智慧主要通过学习理论知识或汲取实践经验获得，两种途径各有优势，通过学习能较为便捷地获得知识和智慧，而由经验所得的智慧由于已经过实践的充分检验，则更为科学可靠。领导干部手握重权，决策必须慎之又慎，避免"差之毫厘谬以千里"，应以较为成熟可靠的智慧辅助决策。因此，"由经验而得的智慧"较"由学习而得的智慧"更胜一筹。

耳闻不如目见，目见不如足践。毛泽东同志强调，一个人光有书本知识是不行的，一定要投身到社会生活中去学习实际的知识，这是最丰富最生动的知识。听来的、看来的、学来的都不如亲身实践来的珍贵。在革命战争时期，正是我们党的指战员在每个战役后

及时总结经验，从战争中学习战争，发扬优点，克服缺点，才能不断从胜利走向胜利；反观赵括、马谡之辈，他们学富五车，坐而论道，却因经验匮乏，实战一塌糊涂、身名俱败。由此可见，只有敢于亲身实践，及时吸取经验养分，才能透彻地、正确地、客观地认识事物，作出准确的、合理的、可行的判断，从而使工作打开新局面、登上新台阶。

大总结有大收获，小总结有小收获。毛泽东同志曾说，我们是靠总结经验吃饭的。通过不断总结经验，进行回顾梳理、分析评价，能够把对事物的感性认识上升为理性认识，用实践经验弥补学习盲区和理论知识不足，从而不断收获智慧。要全面辩证地总结，既要总结正面的经验，以优化我们的思维方式，又要总结反面的经验，以获得对失败的清醒认识；既要总结历史的经验，以少走弯路，又要总结新的经验，以不断适应变化发展的新常态；既要总结自己的经验，以增强工作的自觉性、主动性和预见性，又要总结别人的经验，以避免重蹈覆辙。能将理论知识和实践经验结合好是更高的智慧，要把认识与实践相结合，把务虚与务实相结合，学以致用、用以促学、学用相长、融会贯通，不断在学习和经验中增强才干，获得智慧。

32 用习惯和智慧创造奇迹，用理想和信心换取动力

奇迹用来形容极难做到的、不同寻常的事情；动力用来比喻推

动工作、事业向前发展的力量。奇迹和动力相辅相成、互为促进，有奇迹作为目标，就有朝着目标奋斗的动力；具备源源不断的精神动力，才有实现奇迹的可能。纵观百年，中华民族迎来了从站起来、富起来到强起来的伟大飞跃，我们党各个时代的领导人具备了超越常人的大智慧和好习惯，以无比坚定的共产主义理想信念和"实现中华民族伟大复兴"的必胜信心换取强大精神动力，带领人民群众跨越一个个"娄山关""腊子口"，创造了让世界惊叹的"中国奇迹"。新时代的领导干部，在百年未有之大变局中，更应不断提升自己，找到不断前进的动力源泉，为党和人民的事业再创辉煌和奇迹。

奇迹源于点滴的坚持，也源于涌泉的智慧。一个人若想在人生之路上创造奇迹、有所建树，不仅需从点滴做起，在不断地坚持和积累中养成良好习惯，还需要渊博的学识，具备超越常人的智慧和能力。在中国革命史中，凡能创造奇迹的党员干部都兼具好习惯和大智慧。方志敏同志平日养成了阅读写作的习惯，练就了强大的记忆和分析能力，在被捕后，仅用6个多月，就撰写了《可爱的中国》等16篇文章共13万字的手稿，为广大党员留下了宝贵精神财富，也创下了"狱中奇迹"。好习百日修，学思能增智。要积极培养好习惯，坚持抓常、抓细、抓长，从小处着眼、从细节入手、从实处着手，循序渐进、积少成多，持之以恒付诸行动。要努力拥有大智慧，如饥似渴地学习，毫不懈怠地思考，与时俱进地提高，从马克思主义科学真理中获得认识世界和改造世界的锐利武器，从前人留下的思想宝库中吸取治国理政的珍贵养分，从人类创造的最新文明成果中寻找登高望远的思想阶梯。

信仰、信念、信心是干事创业的动力源泉。习近平总书记指出："小到一个人、一个集体，大到一个政党、一个民族、一个国家，只要有信仰、信念、信心，就会愈挫愈奋、愈战愈勇，否则就会不战自败、不打自垮。"无论过去、现在还是将来，对马克思主义的信仰，对中国特色社会主义的理想信念，对实现中华民族伟大复兴中国梦的信心，都是指引和支撑中国人民站起来、富起来、强起来的强大精神力量。理想之光不灭，信念之炬不熄。要坚守共产党人的精神高地，做共产主义远大理想和中国特色社会主义共同理想的坚定信仰者和忠实实践者，自觉用马克思主义科学理论武装头脑，筑牢信仰之基、补足精神之钙、把稳思想之舵。要不断坚定"四个自信"，锤炼"乱云飞渡仍从容"的定力，铸就"天生我材必有用"的气魄，迎难而上、临危不乱，把坚定的信心转化为推动发展、锐意创新的坚强动力，并将其体现在担当作为上，落实在事业推进上，不断开创工作新局面，迈上发展新台阶。

33 "读书破万卷"不仅仅在"万"，更重要的是在"破"

"读书破万卷"中的"万"形容读书数量多，达到博览的程度；"破"，即精读而透彻理解书中之理。书籍是知识的载体，是智慧的结晶，多读书能增长知识、开阔视野、陶冶性情。当今世界信息爆炸，知识总量呈几何级数增长，知识更新速度大大加快，必须在不断读书学习中获取知识资源，优化知识结构。正如"蓄电池理论"所说,人的一生只充一次电的时代已经过去,只有成为一块高效蓄电池,进行不间断的、持续的充电,才能适应时代发展。读书治学,贵在得法。对于领导干部来说,平日公务繁忙,学习时间有限,在注重"广读"的同时,更应深读、精读,提升读书学习的质量,避免落入"为了读而读""读死书、死读书"的境地。

读书谓己多,遇事知不足。书到用时方恨少,即便自己觉得读书够多了,遇到事情时也会感到知识不足,陷入语无伦次、手足无措的境地。"博观而约取,厚积而薄发",只有博览群书,才能择其精要而取之;只有积累丰厚的知识,才会有施展不尽的才华。学者非必为仕,而仕者必为学。面对新时代新形势新任务,我们只有永葆对知识永恒求索的热情,博览当代中国马克思主义理论著作、做好领导工作必需的各种知识、古今中外优秀传统文化书籍,吸纳丰厚理论营养、博采各类知识精华,才能始终保持思想的先进性、思维的活跃性、思路的开阔性,达到"究天人之际,通古今之变"的境界。

熟读深思,真谛自现。"学而不思则罔,思而不学则殆",读书学习结合不断思考,才能识破字里行间的思想精华,透彻理解书中蕴含的道理。如果只是机械阅读、被动接受、简单浏览,没有思考,人云亦云,再好的知识也难以吸收和消化。正如当前一些领导干部把读书多当成一种炫耀的资本,一味追求涉猎广泛,阅读走马观花、一目十行,却不知书中所言之道理,如同"书橱""书柜""书虫"。思考是阅读的深化,是认知的必然,是把书读活的关键。要带着问题读书,养成边读书边思考的习惯,在广泛阅读的基础上，不断开动脑筋，力求把零散的东西变为系统的、孤立的东西变为相互联系的、粗浅的东西变为精深的、感性的东西变为理性的，真正做到广阅、精读、多思，剖析、理解、弄通，在深读、精读中不断提升精神境界和思维能力。

34 认识自己，要从自我解剖开始；战胜自己，要从自我挑战开始；超越自己，要从自我否定开始

能决定自己上限的只有自己，尤其是在当今千帆竞发、百舸争流的竞争格局中，不进则退，慢进也是退，必须在不断自我完善中加快成长步伐。而成长的过程，其实就是与自己不断斗争的过程。契诃夫曾说："对自己的不满足，是任何真正有天才的人的根本特征之一。"只有不断对自己查摆剖析，认知自我、找到缺陷，才能在一次次自我挑战中战胜缺陷，从而革除顽瘴痼疾，实现自我超越。现实中，一些领导干部放弃自我改造和提高，自认为品格好、修养高、能力强，对自身存在的糟粕思想、不良习气、错误言行放任自流，在"自由主义"中腐化堕落、蜕化变质，最终被岗位淘汰，被党和人民唾弃。

反思者智，自知者明。人贵有自知之明。时常反思剖析，能帮助自己充分了解自身脾气秉性、人格修养、能力水平，是正确认知自我的重要途径。古往今来，凡有大智慧者，都将"行有不得，反求诸己"奉为人生信条，曾国藩遵循"悔缺"之道，时常剖析自身

过错，不断重新认识、定位自己，使智慧日益增长，终成一代名臣。常反思才能常进步。要善"踱方步"反躬自省，静下来、慢下来、沉下来，时刻反思工作得失和自身能力水平的不足，有针对性地强弱项、补短板，及时校准人生航向，不断丰富和完善自己。

以己为敌，自胜者强。一个人最大的敌人是自己，最难战胜的也是自己。当面对诱惑和危机的时候，击溃我们的往往不是其他，而是懒惰、贪婪、自私、骄傲等人性弱点，它们让我们丧失了斗志和勇气。不能胜寸心，安能胜苍穹。要不断增强自控力，在糖衣炮弹面前，坚定初心，稳住心神，管住欲望，抵住诱惑，练就"金刚不坏之身"，立于不败之地。要以高标准、严要求不断挑战自我，敢于走出自己的舒适区，经常砥砺、持久磨炼，居安思危、克己修身，始终保持永不懈怠的精神状态和一往无前的奋斗姿态，最大限度激发干事创业、克服困难的潜能。

自我革命，追求卓越。习近平总书记强调："勇于自我革命，是我们党最鲜明的品格，也是我们党最大的优势。"身不能安，有疾当治。纵观百年奋斗历程，我们党各个时代的领导人都具备自我革命、自我否定的勇气，一次次拿起"手术刀"革除制约发展的弊病，将落后的、封闭的、狭隘的思想观念和工作方法舍弃，在追求卓越中创造了一个个举世瞩目的辉煌成就。要有刀刃向内的勇气，敢于直面问题、否定缺陷，主动向自己"动刀子"，对自身的作风之弊、行为之垢及时进行大排查、大检修、大扫除，自觉去污排毒、吐故纳新、祛病强身，防止小问题变成大问题、"小管涌"变成"大塌方"，在革故鼎新、守正出新中实现自我超越。

35 完善自己,才能摆脱卑俗;挑战自己,才能摆脱平庸;开拓自己,才能有广阔的视野;超越自己,才能有更高远的境界

"黄金无足色,白璧有微瑕。"任何事物均有其不完美之处,每个人都有其不足的地方,无论卑劣庸俗,还是甘于平庸,种种缺陷都源于人性之劣根在作祟。如果不管不顾,个人修为和能力就会每况愈下,到问题严重时就追悔莫及,只有在完善人格、挑战缺陷中不断塑造和提升自己,才能逐步摆脱人性弱点的束缚。尤其对领导干部而言,自身修养修为和视野格局与决策能力息息相关,将直接影响一方发展和人民福祉。领导干部不能仅满足于查漏补缺,还应进一步开拓、超越自己现有的状态,以更广阔的视野和更高远的境界驾驭全局、决胜千里,在突破自我极限的过程中跨越艰难险阻,登上事业高峰。

时时修身塑己,方可止于至善。通过不断修炼和塑造自己,就有可能达到极为"完美"的境界。虽然天下无完人,但领导岗位责任重大,自身建设必须力求"完美",只有在不断改造和完善自己的过程中提升思想境界、道德水平、能力素质,才能更好地干事创业、为民谋福。但如今,一些领导干部放弃自我塑造和提高,有的干部陷入"乱花渐欲迷人眼",享受低级趣味,热衷庸俗文化;有的干部信奉"平平淡淡才是真",浑浑噩噩、庸庸碌碌、尸位素餐。凡此种种,都源于对自身要求的无限放松,最终必将城门洞开、防线失守。修身塑己没有完成时,永远在路上。要善修高洁之身,时

刻践行好干部标准，养从政之德、思贪欲之害、怀律己之心，时刻保持头脑清醒、思想纯洁、道德高尚。要常思平庸之过，勇于"自我挑战"，避免"涛声依旧"，切忌小富即安、得过且过，在自省和反思中找准不足、增强动力、积极作为。

百尺竿头须进步，超越自我无止境。即便自身修养修为达到很高的境界，也不应满足当前的成绩或状态，只有再接再厉，不断超越和开拓自己，才能达到更高的境界。据沧海而观众水，登泰山而览群岳。现实中，并非海难去、峰难登，而是自己的能力关和心理关难过，懒惰和恐惧制约了前进的脚步，即使成功就在眼前也难以把握。人最大的障碍就是自己，要敢于开拓自己、超越自己，把追求卓越当成一种习惯，不断提升政治境界、思想境界、道德境界，培养高屋建瓴、统筹全局的思维能力，学会从全局、宏观、长远上认识和把握问题，用世界眼光、战略眼光、历史眼光思考和处理问题，进而穿透层层思想迷雾，更好地担负起职责使命，推动事业不断向前发展。

36 到基层一线经受锻炼，在"滚石上山"的实践中强化斗争意识；到困难大、矛盾多的地方经受磨炼，在"逆水行舟"的逆境中激发斗争意志；到急难险重任务中淬炼，在"风霜雨雪"中砥砺坚强品质

一棵树苗，只有经历风吹、日晒、雨淋等挑战，才能长成参天

大树；一名干部，也要经受意志、耐力、定力等考验，才能成为好干部。事非经过不知难，领导干部只有经历过基层一线的锻炼、大事难事的历练和急难险重任务的考验，意志才能越挫越勇，能力才会靡坚不摧。

基层最能锻炼人，也最能考验人。基层是个大课堂、好学校。基层工作包括方方面面，岗位虽小责任重大，环境艰苦却能砥砺干部品质、检验干部能力。干部要想强化斗争意识、增长才能才干，就应该到基层一线和艰难困苦的地方扎实磨炼、不断实践、建功立业。滚石上山，后退一步、即便只是稍有松劲都会面临不可挽回的后果，唯有咬牙向前才能成功登顶、取得生机，怕就怕承平日久，缺乏斗争意志。领导干部要到基层一线经受锻炼，强化斗争意识，保持清醒头脑，焕发昂扬斗志，直面新情况和新问题，不松劲、不彷徨、不懈努力，在守土一方、守土有责的担当中感受攀难涉险、排除风险、化解矛盾的紧迫性。

奔着困难去，顶着压力冲。风险挑战并不可怕，可怕的是看不到险情、分不清是非、辨不明方向。越是困难大、矛盾多的地方，越是形势严峻、情况复杂的时候，越能练胆魄、磨意志、长才干。只有在逆境中涵养敢与强者比、敢向高处攀、敢跟快者赛的斗争勇气，才能奋起直追，不断超越自我、争先进位。领导干部要在困难大、矛盾多的地方经受磨炼，在大是大非面前敢于亮剑，在矛盾冲突面前敢于迎难而上，在危机困难面前敢于挺身而出，在歪风邪气面前敢于坚决斗争，不断增强"四个意识"、坚定"四个自信"、做到"两个维护"，在大风大浪、风吹雨打中激发坚韧的斗争意志。

顶风逆势爬高坡，迎难而上敢担当。习近平总书记指出："我们共产党人的斗争，从来都是奔着矛盾问题、风险挑战去的。"今天的中国正经历成长的风雨，"成如容易却艰辛"。干部素质能力的提升，"风霜雨雪"的实践锻炼是重要途径。领导干部要主动到急难险重任务中淬炼自我，感受推动经济社会发展和党的建设各项事业全方位、深层次发展进步的"风霜雨雪"，在实践中解决矛盾和问题、化解风险与挑战，砥砺"有风有雨是常态，风雨无阻是心态，风雨兼程是状态，风雨不改是姿态"的坚强品质。

37 在解决问题中磨砺真本领，在提升能力中解决真问题

当前正面临世界百年未有之大变局，发展面临的挑战和考验前所未有。面对复杂形势和艰巨任务，领导干部要在危机中育先机、于变局中开新局，就要不断解决问题、破解难题。解决问题的能力不是与生俱来的，必须在一个个矛盾、一桩桩难题、一次次风险的分析研究、疑难会诊、防范破解中创新方法、积累经验、总结提高。

把解决问题作为砥砺真本领的"磨刀石"。早在延安时期，毛泽东同志就曾指出："我们队伍里边有一种恐慌，不是经济恐慌，也不是政治恐慌，而是本领恐慌。"习近平总书记强调："领导干部不仅要有担当的宽肩膀，还得有成事的真本领。"问题是时代的声音，也是推动时代进步的契机。领导干部要正视问题矛盾，补齐自

身短板，填补"新办法不会用，老办法不管用，硬办法不敢用，软办法不顶用"的本领赤字，瞄着问题去，追着问题走，把化解难题作为开创新局面的突破口。要把发现问题作为谋事之基、成事之道，着眼于新的实践和新的发展，找到有效解决问题的突破口，不因有困难而不为、不因有风险而躲避、不因有阵痛而不前，当几回"热锅上的蚂蚁"，接几次"烫手的山芋"，将自己锻造成疾风劲草、烈火真金，在准确识变、科学应变、主动求变中破局起势、集聚优势、积厚成势，不断提升解决问题的真本领。

把能力提升作为解决真问题的"度量衡"。 历史总是在不断解决问题中前进的。我们党领导人民干革命、搞建设、抓改革，都是为了解决我国的实际问题。打铁还需自身硬，干事还要本领强。解决实际问题能力与党员干部治理能力"一体两面"，是国家治理能力现代化的内在要求和微观基础。面对复杂形势和艰巨任务，干部特别是年轻干部要注重提高"七种能力"。其中，政治能力居于首位，是核心能力；调查研究能力是基本功，是基本素质；科学决策体现工作能力，直接关乎决策效果；改革攻坚能力彰显担当意识与开拓精神，是时代所需；应急处突能力考验干部坚持原则能力与应变水平，不可或缺；群众工作能力是看家本领，必须掌握；抓落实能力是根本，唯有责任落实，才有工作落实，唯有责任到位，才有工作到位。"七种能力"为广大干部列出了"能力清单"，领导干部要树立问题导向，提升"七种能力"，努力成为全面深化改革开放、促进经济社会发展、服务构建新发展格局的行家里手。

38 在"急"的一线增强应变能力，在"难"的一线增强协调能力，在"险"的一线增强驾驭能力，在"重"的一线增强执行能力

顺境逆境看襟怀，大事难事看担当。越是急难险重时刻，越能看出党员干部的担当作为。沧海横流，方显英雄本色。领导干部在急难险重时刻挺身而出，正是践行初心使命的最佳时刻，也是备战提能的绝佳时机。

知紧急，速应变。"明者因时而变，知者随事而制。"当今世界正处于百年未有之大变局，我国正处于一个大有可为的历史机遇期，如果不识变、不应变、不求变，就可能陷入战略被动，错失发展机遇。"急"的一线往往表现出多发突发、时效性强、决策时间短、控制难度大、力量多元、协调复杂、信息传播快等特点，这对领导干部的应变能力提出了更高的要求。领导干部要在"急"的一线增强应变能力，头脑清醒、判断准确、谋划科学、赢得主动，做到心中有数、胸中有策、手中有法。

破难题，重协调。研究表明，工作中70%的错误是由于沟通协调不畅造成的。良好的沟通协调能力是推动工作有效开展的助推剂。领导干部要在"难"的一线提高协调能力，了解和掌握工作运行过程中各环节、各要素之间可能出现或已经发生的矛盾与冲突，针对可能出现的矛盾与冲突积极采取措施，将矛盾与冲突消弭于将发未发之时，争取内部与外部的和谐稳定，促进各项工作顺利开展，以沟通求得思想上的统一，以协调谋得行动上的一致。

控风险，驭危机。"安而不忘危，存而不忘亡，治而不忘乱。"凡事从最困难、最坏处准备，努力去争取最好的结果，是我们党治党治国很重要的政治经验和政治智慧。领导干部要在"险"的一线增强驾驭能力，练就过硬心理素质和应急能力，切实提升驾驭复杂局面的能力，做到眼睛亮、见事早、行动快，避免使小危机演变为大危机，局部问题演变为全局问题，单一事件演变为综合事件。要审时度势、统筹谋划、驾驭全局、把握全面，以改革的精神、创新的办法、务实的举措，科学应对和妥善处置，从而转危为安、化危为机。

盯重点，抓落实。为政之要，贵在落实；落实之要，重在执行。要破解制度执行不力、执行偏力、执行乏力等困境，就必须在"重"的一线增强执行能力。所谓抓重点，就是抓主要矛盾，主要矛盾在事物的发展过程中处于支配地位、起着决定作用，抓住了主要矛盾，就能够"牵一发而动全身"，起到"四两拨千斤"的作用。领导干部要敢于抓重点、善于抓重点、勤于抓重点，在抓重点中集中精力、物力办大事，推进工作有亮点、见起色。

39 在常学常新中找准方向，在善思善悟中提升本领，在谋事成事中增长才干

学是前提、思是根本、用是关键。只有做到学思用贯通，把学习与思考、理论与实践紧密结合起来，才能让思想、能力、行动跟上党中央要求、跟上时代前进步伐、跟上事业发展需要。领导干部

要加强理论学习，深入思考学、联系实际学，做到心中有思想、手上有办法、落地有成效。

理论就像灯塔，为前行指明方向，要常学常新。理论创新每前进一步，理论武装就要跟进一步。习近平新时代中国特色社会主义思想，是马克思主义中国化最新成果，为新时代坚持和发展中国特色社会主义提供了科学指引。用习近平新时代中国特色社会主义思想武装头脑、指导实践、推动工作，是做好一切工作的重要基础。干部要把学习习近平新时代中国特色社会主义思想作为重中之重，深刻认识和领会其时代意义、理论意义、实践意义和世界意义，深刻理解其核心要义、精神实质、丰富内涵、实践要求，掌握贯穿其中的马克思主义立场、观点、方法，了解共产党执政规律、社会主义建设规律、人类社会发展规律；要持之以恒学、及时跟进学、深入思考学、联系实际学，推动理论学习往深里走、往心里走、往实里走，学出对共产主义的坚定、对党和人民的忠诚、对职责使命的自觉。

知识只有消化，才能成为能力，要善思善悟。没有思考，就没有智慧。思考的过程是一个不断深化认识的过程。思是学用结合的关键环节，思考的深度决定知行合一的力度，没有思考就会使学用两张皮、知行相断离。只有结合实际去思考、带着问题去思考，才能将知识转变为认识，将理论转变为思想。领导干部要静下心来"踱方步"，运用马克思主义世界观、方法论来考虑和谋划关系全局的大事，做到因势而谋、应势而动、顺势而为；处理好局部和全局、当前和长远、重点和非重点的关系，在权衡利弊中趋利避害、

作出最为有利的抉择；勇于创新、善于创新，结合实际创造性推动工作。

刀在石上磨，人在事上练，要磨炼才干。蒲柳之姿，望秋而落；松柏之质，经霜弥茂。越是艰苦环境、吃劲岗位，越是困难大、矛盾多的地方，越能磨砺干部的品质，考验干部的毅力，增长干部的才能。防控疫情"大熔炉"，抗洪抢险"大考场"，脱贫攻坚"赛马场"，真正检出了干部坚决践行"两个维护"的政治忠诚，考出了干部临危不惧、处变不惊的政治定力，看出了干部坚持人民至上、不断造福人民的政治担当。领导干部要把学习的收获、思考的成果运用到改革发展稳定的实践中去，运用到为人民服务的事业中去，知重负重、攻坚克难，奋勇争先、建功立业，在苦战实战的磨砺中增强"八项本领"、提高"七种能力"，在新时代创造更大的业绩。

第三篇

敢于斗争善于斗争的本事

40 最大的危机是素质的危机,最大的挑战是能力的挑战,最大的恐慌是本领的恐慌

习近平总书记反复告诫全党,世情国情党情的变化复杂深刻,如果故步自封、抱残守缺,啃老本、守旧摊子,是极其危险的。只有意识到素质危机、能力挑战和本领恐慌,不断与时俱进、自我超越,持续提升素质能力、锤炼过硬本领,才能与新时代同向同行、在盛世中肩负重任。

谁落后于时代,谁就会被历史淘汰。当前,国内外形势正在发生深刻复杂变化,我国发展仍处于重要战略机遇期,前景十分光明,挑战也十分严峻。面对新情况、新问题,干部队伍素质不优、能力不足、本领恐慌的问题不同程度地体现出来。有的干部被纷繁乱象遮蔽了双眼,看不清大局大势,察不出蕴藏其中的机遇和挑战;有的干部贯彻新发展理念、推进供给侧结构性改革,找不到有效管用的好思路好办法;有的干部不懂网络规律、走不好网上群众路线、管不好网络阵地,被网络舆论牵着鼻子走;等等。领导干部

是新时代的见证者、开创者、建设者,只有掌握了足以胜任岗位的看家本领,才能够担负起涉深水、渡险滩、闯难关的艰巨任务。如果不能与时俱进、自我超越,就难免会陷入"新办法不会用,老办法不管用,硬办法不敢用,软办法不顶用"的困境,不仅难以在工作中打开新局面,甚至还有迷失方向、落后于时代的危险。干部必须持续补足能力上的短板、本领上的不足,不断掌握新知识、熟悉新领域、开拓新视野,努力跟上新时代步伐。

锻造硬核能力,提高自身本领。无论从事什么职业,只有做精做好才能站稳脚跟、取得成绩。当干部也是一种职业,同样需要沉下心来干工作、心无旁骛钻业务,努力成为所在领域的行家里手。李先念同志被任命为国务院副总理兼财政部部长后,自认为"没有学过经济学",为尽快熟悉工作,自己制订了学习计划,"向一切内行的人们"学经济,最终成为经济领域的专家。能力本领是做好工作的基本保障,是担当作为的最大底气。只有拥有"真能力""真本领",才能遇事不慌、淡定从容。不同历史时期,对干部的素质、能力、本领有着不同的要求。步入新时代,干部必须旗帜鲜明讲政治,不断提高政治判断力、政治领悟力、政治执行力,善于从政治上观察和处理问题;必须具备解决实际问题的能力,在危机中育先机,于变局中开新局,能干事、干成事,展现作为、不辱使命。

41 克服本领恐慌,要真学真思下功夫,绝不可"本来只有半桶水,却偏要'淌得很'",忘乎所以,自鸣得意

克服"本领恐慌"的关键是学习。善于学习,就是善于进步。加快知识更新、优化知识结构、拓宽眼界和视野,是避免"少知而迷、不知而盲、无知而乱"的必然选择。唯有把学习和思考结合起来,做到真学真思,才能使主观世界更好地符合客观实际,从而更好地指导实践、推动事业发展。

谦虚是学习的朋友,自满是学习的敌人。 毛泽东同志曾说:"学习的敌人是自己的满足,要认真学习一点东西,必须从不自满开始。"自我满足,盲目骄傲,就会降低学习的热情,失去学习的动力,随着知识折旧的速率加快,"能力赤字"风险终将爆发。谦虚的人承认自己存在的不足,自觉坚持学习,不断充实自己,保持旺盛的学习热情和强劲的学习动力,不断掌握新知识、研究新情况,从而不断提高能力本领。要学有所成,就必须永不自满。面对日新月异的发展,今天的学习,没有完成时,只有进行时,还需保持加速度。干部必须永不自满、永不懈怠,挤出时间学习,持之以恒学习,把学习作为一种追求、一种爱好、一种健康的生活方式,依靠学习走向未来。

学而不思则罔,思而不学则殆。 进入新发展阶段,贯彻新发展理念,构建新发展格局,需要解决的问题越来越多样、越来越复杂。党员干部只有不断拓宽知识面,增强各方面本领才能更好地驾驭复杂局面、完成各项任务。提高个人能力素质的唯一捷径就是加

强学习思考。知之不全、思之不深,就难以联系实际、灵活运用。必须真学,紧扣时代要求,着眼于我们正在做的事情,发扬理论联系实际的马克思主义学风,坚持问题导向,带着问题学,既读有字之书,也读无字之书,拜人民为师,向能者求教,向智者问策,做到干中学、学中干,学以致用、用以促学、学用相长。舍得花大力气、下苦功夫,不能心浮气躁、浅尝辄止、不求甚解。必须真思,运用政治头脑、全局观念和世界眼光,正确把握国际国内形势发展变化的新趋势,深化对世情国情党情的认识,研究如何应对新形势、新任务、新挑战,不断增强工作的系统性、预见性和创造性。独立思考形成自己的判断,而不是亦步亦趋、人云亦云。

42 实力加自信就是一把坚不可摧的利剑,也是通往成功的船票,实力决定成败

实力,是指实在的力量。自信,是相信自己,对自己有信心。实力是自信的基础,自信是实力的翅膀。没有实力,自信就是自欺欺人;没有自信,实力就可能被埋没。有了实力和自信,就有了力量和勇气,就能在任何困难和风险面前不放弃、不退缩、不止步,百折不挠为自己的前途命运奋斗拼搏。

有自信没能力是自负,有能力没自信是自卑。自信能让人在黑暗中看到黎明的曙光,在最困难最无助的时候给予我们前行的力量。有了自信,就能不惧一切困难挑战,克服一切艰难险阻,坚

定不移地勇往直前。自信的对立面是自卑，自卑导致自我埋没、自我葬送。现在，很多干部是自信的，但也有一些干部不那么自信甚至很不自信。他们妄自菲薄，把点上的问题看成面上的问题，把偶发的问题看成体制的问题，言必称西方，奉西方说法为圭臬，拿西方价值标准来评判中国，落入西方"价值观陷阱"。失去了自信必然失败。唯有自信才能自胜和胜人。当前，我国改革进入攻坚期和深水区，领导干部更需要有"乱云飞渡仍从容"的自信。必须坚定"四个自信"，无论面临多大挑战和压力，无论付出多大牺牲和代价，经千难而前赴后继，历万险而锲而不舍，用信心激发潜能，将"不可能"转化为"有可能"。当然，自信不是自大、不是自满、不是自负，要防止妄自尊大的倾向。

自信源于实力，靠实力说话才是真自信。胜利是靠真刀真枪拼出来的。实力是自信的本源。1950年朝鲜战争爆发，中国人民志愿军出兵抗美援朝，打败了以美帝为首的联军，用实力证明了中国人民已经站起来了。彭德怀司令员意味深长地说道，帝国主义在东方架起几门大炮就可以征服一个国家、一个民族的历史一去不复返了！自信建立在实力的基础上。诗仙李白自信，发出"天生我材必有用，千金散尽还复来"的浩叹，他成为中国诗歌史上一座无法逾越的高峰；东汉丞相曹操自信，写下"老骥伏枥，志在千里；烈士暮年，壮心不已"的名句，他消灭群雄，统一北方，奠定曹魏政权的基础；一代伟人毛泽东自信，高唱"自信人生二百年，会当水击三千里""数风流人物，还看今朝"，他是中国共产党、中国人民解放军和中华人民共和国的主要缔造者。面对复杂形势和艰巨任务，干部要保持自信，就必须深入学习贯彻习近平新时代中国特色社会主义思想，积极投身新时代中国特色社会主义伟大实践，持之以恒加强思想淬炼、政治历练、实践锻炼、专业训练，不断提高解决实际问题的能力。

43 自己没本事，认识再多的人也没有用

常言说"在家靠父母，出门靠朋友"，"一个好汉三个帮，一个篱笆三个桩"。人脉资源是无形资产和潜在财富，要想做成大事，必定要有做成大事的人脉。然而，人脉藏在自己身上，只有让自己变得强大，才能获得有用的人脉。认识的人再多，如果仅是一面之缘，起不到相互支撑、相互依存、相互帮助的作用，那不是人脉，而是毫无意义的人际关系。干部要把心思放在提升本领、增强能力上，不要放在抱大腿、攀高枝上。

求人不如求己，外求不如内求。人脉的基础是自身对于别人的价值。想要别人帮助自己，首先是自己能够帮助别人。笑脸相迎，说几句客套话，扫个微信、留个电话，如果相互之间帮不上什么忙，可能转过头就已经记不清对方是谁了，这样的社交是无效社交。一些人热衷于结识人，把大量的时间精力浪费在无效社交上，不断向外寻求关系、寻求资源、寻求人脉，自己的价值从未得到提升，甚至还在不断贬值，别人接触他一次后就不愿意接触第二次，到头来只会"竹篮打水一场空"，什么也得不到。往往越是没有本事

的人，越爱炫耀自己认识的人多，借别人来抬高自己，拉大旗当虎皮。而另一些人，把精力花在提升自己的个人价值上，做好该做的事，将特长发挥到极致，"桃李不言，下自成蹊"，就会有越来越多的人主动结交他。有本事才会有人脉。干部不要搞无效社交，要把外求转变成内求，自己多积累、多提升，用足够优秀赢得有效社交。

人脉只是给了机会，抓住机会还得靠本事。人脉比别人广，的确意味着机会比别人多。然而，机会却是很"滑手"的，没有"两下子"是抓不住的。微软创始人比尔·盖茨的母亲是华盛顿大学的校董、全国联合劝募协会的执行理事会主席、第一洲际银行的首位女高管。当微软还是一家小公司时，要推广自己开放的MS-DOS系统很困难。比尔·盖茨的母亲亲自拜访了当时电脑界巨头IBM的CEO，并为儿子担保，这才促成了微软和IBM的合作。对比尔·盖茨而言，母亲的人脉的确给他提供了宝贵的机会，但最终把握住这次机会靠的还是开发MS-DOS系统的真本事。这就启示我们，自己有本事才能抓住人脉提供的机会。然而，有的干部却信奉"朝中无人莫做官"等官场潜规则，认为没有人提携，没有人赏识，不管有多大才干，也只能"老牛拉破车——慢慢来"；只要上面有人，打一个招呼，即使能力平平，也可以平步青云。他们热衷于拉关系、找门路、搭天线，却不肯花时间学习、花心思工作。可以想见，随着政治生态不断净化，他们的路子只会越走越窄，即使机会到了眼前，也会因为能力不足而抓不住。干部与其把心思用在攀缘依附上、把精力放在投机钻营上，不如把心思用在联系服务群众上、把精力放在提高能力素质上，在为人处世过程中，讲友谊，但更讲原则；讲人情，但更讲党性；讲交情，但更讲规矩。

44 官升不是水平涨，权重并非本领强

一个人的水平、本领不会随着职位的提高、权力的变大而自然增长。然而，职位、权力是需要水平、本领来匹配、来支撑的，人们往往根据一个人的职位高低、权力大小来判断他的水平、本领。终日活在职位和权力的荣光下，很容易滋生出莫名的优越感来，无法认清自己是谁，有几斤几两、吃几碗饭。干部被提拔了，当务之急是要进一步提升水平本领来匹配职位，而不是沾沾自喜、四处炫耀。

职务是用来干事的平台，不是用来炫耀的资本。习近平总书记强调："成长为一个好干部，一靠自身努力，二靠组织培养。"组织是最大的靠山。没有组织提供的成长沃土、进步平台，我们天赋再高、能耐再大，也无处扎根、难成大器。干部的职位是组织任命的，是干部施展才华的舞台、安身立命的客栈。职位离开谁都继续存在，但干部离开了职位就是个普通人。个人在组织的面前很渺小，千万别把自己太当回事，千万别把平台当本事。要对组织多怀感恩之心、少怀非分之想，更不能有亏待之怨。要正确认识和运用党和人民赋予的权力，不忘初心、牢记使命，不负组织的信任和重托，为党和人民的事业增光添彩。要看轻名利，正确对待得失，看到和自己年龄相仿、学历相当、资历相近的干部先被提拔时，内心要淡然、坦然，要防止心态失衡。

比觉悟不比职务；比能力不比权力。只有在潮水退去时，才会知道谁一直在裸泳。人生最大的悲哀，就是把平台的影响力，当作自己的实力，却忘了该如何去精进和成长。有的干部喜欢和别人比职务高低，到了处级想着厅级，到了厅级想着省级，见到比自己进步快的就嫉妒；有的干部喜欢和别人比权力大小，总想到关键岗位、要害部门工作，热衷于管人管钱管物，看到别人握有实权就眼红；有的干部喜欢和别人比待遇多少，拿月薪的想拿年薪，拿数十万的想拿数百万，永远没有个尽头。他们都有个共同的特点，就是不把心思放在工作上。觉悟和能力没有"升而涨之""升而能之"的。这样的干部，能够风光一时，但终有褪去光彩的一天。一旦遇到大风大浪，需要真刀真枪地涉险滩、破坚冰、攻堡垒、拔城池时，往往黔驴技穷、一筹莫展。党员干部要多与同志比觉悟、比能力、比实绩，而不是比职务、比权力、比待遇；要专注于自我修炼，不断提高思想境界、提升履职能力，练就一手"绝活"、几把"刷子"，不断进步、不断超越，把工作做出彩，把人生活精彩。

45 德能正其身，才能胜其任，言能达其意，书能成其文

俗话说，"坐上了位子，就要对得起信任；掌握了权力，就要担得起责任"。干部是一种职业，是一种要求很高的职业，既要政治过硬，又要本领高强；既要德才兼备，又要能说能写。当干部，就要对照与职务对应的各种要求和标准，注重加强个人修炼，提升

做干部必须**有本事**

德才素质，锻炼说写能力。

德才兼备，方堪重任。"才者，德之资也；德者，才之帅也。"有德无才要误事，有才无德要坏事。历史上，曾有人只为求才而无视德，最终致使国乱家败，也有人看似忠诚却无才干，最后误事误国。理想信念不坚定，政治上不合格、品行不端的人，一旦成为领导干部，其职务越高、平台越大，危害就越大。强调德的重要性，绝不是忽视才。领导干部要履职尽责，必须有一定的能力作支撑。否则，即使有干事创业的强烈愿望和勤勤恳恳的工作态度，也难以托付重任。德才需要兼备，不可偏废。进行伟大斗争、建设伟大工程、推进伟大事业、实现伟大梦想，更需要干部政治过硬、本领高强。要立政德，铸牢理想信念、锤炼坚强党性，强化宗旨意识，全心全意为人民服务，严格约束自己的操守和行为。要增长才干，加快知识更新，加强实践锻炼，提升专业素养、专业精神、专业能力。

能说能写又能干，才显水平。1927年11月，毛泽东同志在工农革命军军官教导队开学典礼上要求学员做好"八能"，即能写、能说、能唱、能算、能打仗、能吃苦耐劳、能生产劳动、能诚实可靠。能说、能写是前两条。说和写是干部手中的两大"武器"，是实施领导的重要手段。干部说不清、写不明，就不能准确地表达自己的思想，同志们就会云里雾里、不知所措，工作就会走弯路、兜圈子。干部要做到"开口能说"。要出口成章，言之有理、言之有据，立意新颖，表述明白；要谨言慎行，不言则已，言必中的；要言简意赅，讲短话、讲新话，有思想、有内容，防止哗众取宠、华而不实。要做到"提笔能写"。要下足功夫,多学、多看、多思、多写,把"模糊的"变成"清晰的","无序的"变成"有序的","不成熟的"变成"成熟的";坚持一切从实际出发,瞄准实在问题,解决主要矛盾,真正发挥以文辅政的功能。

46 领导力是一种把愿景转化为现实的能力

"愿景"就是一种对未来发展希望实现的图景,它会引导或影响组织及其成员的行动。简单地说,愿景就是要到哪里去,要发展成什么样子。能否提出令人振奋、具有广阔发展前景、被追随者认同、持续引领向前发展的共同愿景,将直接决定一个组织的前途和命运。领导承担着带领引导团队成员实现目标的职责,必须具备给组织带来愿景并让美好愿景变为现实的能力,因此,要不断提升领导力,善于描绘愿景、实现愿景。

有共识才有共为,有愿景才有力量。思想是行动的先导,共识是共为的基础。上下同欲者胜,同舟共济者赢。愿景是理想、是抱负、是信念、是梦想、是渴望,包含了目标、使命和价值观。成功的团队都有其愿景,麦当劳的愿景是成为世界上服务最快、最好的餐厅,迪士尼的愿景是带给千百万人快乐,宜家的愿景是使人们的日常生活更美好,华为的愿景是丰富人们的沟通和生活,等等。愿景不是自然形成的,好的愿景都是在优秀领导者的引导下逐步提炼和完善的。领导者的工作就是确定方向、制定战略、激励和鼓舞团队成员，让人们心甘情愿、满怀热情地追随自己。领导干部要善于立足现实、扎根现在、紧跟时代，构建和完善共同愿景，通过动员组织内部和外部的力量来参与制定愿景的讨论，把主要利益相关者的愿景整合为组织的共同愿景，最大限度调动各方的积极性、主动性和创造性。

以坚实的行动，变愿景为现实。愿景是未来的发展图景，是长期的努力方向。即使是世界上最美好的愿景，如果没有人去执行、去落实，那它也没有任何意义。奇迹是干出来的，愿景是靠行动来实现的。共同的愿景需要共同的行动。领导干部担负着带领广大干部群众把愿景变为现实的重任，必须广泛传播愿景，通过一次又一次的沟通和分享，让大家熟悉愿景、掌握愿景，心往一处想、劲往一处使，鼓足干劲、主动作为、竭尽全力、真诚奉献；必须提升实现愿景的能力，补齐能力短板、填补知识弱项、消除经验盲区，不断缩小已有能力和实现愿景需要之间的差距；必须科学规划、分步实施，把愿景细化为阶段目标和行动方案，稳扎稳打、有序推进，朝着愿景不断迈进。

47 具有看问题的眼力、谋工作的脑力、察实情的听力、走基层的脚力

习近平总书记强调，"要提高辩证思维、系统思维、战略思维、底线思维能力，增强看问题的眼力、谋事情的脑力、察民情的听

力、走基层的脚力",为做好领导工作指明了方法和要求。当领导干部,必须"不畏浮云遮望眼",在增强眼力上花力气;"探理索隐悟真谛",在增强脑力上费思量;"广开言路纳真言",在增强听力上下功夫;"绝知此事要躬行",在增强脚力上下足劲。

世界上不是缺少美,而是缺少发现美的眼睛。眼力,就是观察事物现象、本质、规律的能力。爱因斯坦曾说:"提出一个问题,往往比解决一个问题更重要。"做任何事情,都需要有一双洞察本质、知形识势、明辨是非、发现问题的"慧眼"。目之所及,心之所向,行之所往。领导干部的眼睛看得清、看得深、看得透、看得远,做工作才能精准判断和把握事物发展规律,做到识"势"、识"世"、识"时"、识"事",提高工作的科学性、预见性、主动性,更好地体现时代性、把握规律性、富于创造性,才不会盲目盲干、自以为是。

傻瓜用嘴巴思考,聪明人用脑袋讲话。脑力,就是开动脑筋、深思熟虑、深谋远虑的能力。德国诗人海涅说:"思想走在行动之前,就像闪电走在雷鸣之前一样。"人类大脑是人体神经系统最主要的部分,对人的思维、语言、运动、情感等起着绝对支配作用,是一个人思想、智慧的源泉。用脑思考是认知的必然。多思才能善辨,善思才能睿智,集思才能广益,深思才能熟虑。领导干部谋划工作,只有善于动脑筋,善于对各种事务、问题、现象进行系统化、条理化的思考、分析、综合,才能由此及彼、由表及里,使零散的认识系统化、粗浅的认识深刻化,从而找到事物的本质规律,找到解决问题的正确办法。

言能听，道乃进，听话比说话重要。听力，就是听取建议、意见、提醒、批评等的能力。人之所以有一张嘴，两只耳朵，是因为听的要比说的多一倍。古人云，"见博则不迷，听聪而不惑"，"兼听则明，偏信则暗"。对领导干部来说，善于倾听是一种美德、一份尊重，更是一门领导艺术和领导能力。只有广开言路、开门纳谏，带着感情真听，带着问题常听，带着脑袋真听，经常性广泛听取各方面意见，才能汇集众智、掌握实情，从而明智通达、正确判断、科学决策；也才能让各方面的聪明才智汇集如涌，集聚攻坚克难的智慧和力量。

只会在水泥地上走路的人，永远不会留下深深的脚印。千山万水脚步丈量方知阔，天长地久百味尝遍才知真。习近平总书记指出，基层跑遍、跑深、跑透了，我们的本领就会大起来，只有深入基层了解真实情况，我们的工作才会更有成效。在泥泞上留下的脚印越深刻，在艰苦中获得的成功越动人。领导干部只有脚板向下，才能踏稳向上的底气，要加强调查研究，多往基层一线跑，多往群众家里跑，多往急难险重处跑，时时使自己处于接地气、鲜呼吸的状态，以深入求真知，以深入求实效，努力为调查研究提供源源不断的"源头活水"。

48 敢于直面问题，善于发现问题，长于解决问题

习近平总书记指出："我们中国共产党人干革命、搞建设、抓

改革，从来都是为了解决中国的现实问题。"问题是实践的起点、创新的起点，也是发展的起点。人类认识世界、改造世界的发展过程，就是一个发现问题、解决问题的过程。从某种意义上说，领导工作的本质就是发现问题、分析问题、解决问题。当领导干部，就必须具备正视问题的勇气、发现问题的敏锐、解决问题的本领。

面对问题重要的不是能不能，而是敢不敢。 习近平总书记强调："我们共产党人的斗争，从来都是奔着矛盾问题、风险挑战去的。"对于工作中的困难、问题和矛盾，应该主动正视而不是"充耳不闻"，应该寻求解决而不是"避溺山隅"或者"束之高阁"。为官避事平生耻。问题是客观存在的，无时不在、无时不有，也不会自生自灭。回避问题不仅耽误问题解决的时机，而且会造成更大的问题。现实中，有的干部在问题面前"躲"字当头，碰到矛盾绕道走，遇到问题往上推，出了问题把板子打到基层；有的"怕"，一见问题就胆战心惊，不敢接"烫手山芋"，不敢定事作决断；有的"滑"，遇事就言"这事不归我们管"，推来挡去打"太极拳"。能不能树立正确的问题意识、勇于正视问题、积极面对问题，反映着一个领导干部的精神状态和思想境界，体现着一个领导干部的担当和勇气。领导干部任何时候都要做到矛盾面前不躲闪，挑战面前不畏惧，困难面前不退缩。

工作的一半是发现问题，另一半是解决问题。 习近平总书记强调，领导干部要自觉把发现问题、分析问题、解决问题作为做好领导工作和一切工作的基本要求，特别是抓住关键问题，切实增强工作的主动性和针对性。发现问题是解决问题的前提，解决问题是工作的实际成效。做工作、找问题就是在找抓手，抓问题就是在抓关键。发现问题显能力，解决问题见水平。问题面前能不能开处方，梗阻面前善不善于扎银针，是衡量一个领导干部称不称职的重要方面。领导干部要善于发现问题，敏于在洞察事物变化联系中发现最关键、最突出、最要害的问题，用"显微镜"查问题，用"放大镜"看危害，用"多棱境"找根源，切实把各种问题找出来，分析透。要长于解决问题，把解决问题作为最重要的工作方法，追着问题走，围着难点转，善于把化解矛盾、破解难题作为工作的突破口，有什么问题就解决什么问题，什么问题突出就重点解决什么问题。

49 "想干事"是一种态度，"会干事"是一种能力，"干成事"是一种结果，"好共事"是一种美德，"不出事"是一种幸福

习近平总书记指出，"干部干部，干是当头的，既要想干愿干积极干，又要能干会干善于干"，"以'人和'为乐，以团结为贵，以协作为重，是事业成功的关键"，要把干净和担当、勤政和廉政统一起来。想干事、会干事、干好事、好共事、不出事是对领导干部的基本要求。

担当尽责为本，干事创业为要，造福一方为荣，必须想干事会干事干成事。干部干部，先干一步。干事，是干部的本职本分、责任使然、价值所在。不干，半点马克思主义都没有。一个领导干部

有没有想干事的态度、会干事的能力、干成事的实绩,不仅反映能力作风,更考量党性、检验官德。在实际工作中,仍然有一些领导干部甘愿当"太平官""慵懒官","混日子""熬年头",一年看,二年站,三年等着换;一杯茶,一张报,一支烟,潇潇洒洒过一天,对工作一问三不知;忘记了干部本分,抹黑了组织形象,贻误了事业发展。幸福是拼出来的,成绩是干出来的。领导干部必须把心思集中在"想干事"上,把能力展现在"会干事"上,把目标落实在"干成事"上,不驰于空想、不骛于虚声,撸起袖子加油干,苦干实干拼命干,努力干出利党利国利民的不平凡事业。

团结别人是一种能力,借鉴别人是一种升华,取长补短是一种境界。团结就是力量,众志可以成城。毛泽东同志曾说:"只要共产党人团结一致,同心同德,任何强大的敌人,任何困难的环境,都会向我们投降。"习近平总书记曾说:"只有靠'众人拾柴'和'三个臭皮匠'之力,靠大家帮衬,工作才能做好。"事成于和睦,力生于团结。无论干什么事,最关键的是人心,最难得的也是人心。心齐则有序,心齐则有力,心齐则有效。一个组织内部,只有相处融洽、关系和谐,齐心协力、团结向上,才能形成强大的干事创业力量,真正把事业干成干好。领导干部必须把讲团结作为最基本要求,自觉营造心齐气顺、和谐融洽的工作环境,最大限度调动一切积极因素,团结一切可以团结的力量,为事业不断发展创造有利条件。

"干事"与"干净"于一身,"勤政"与"廉政"于一体。习近平总书记强调,领导干部要"自身正、自身净、自身硬","确保既想干事、能干事,又干成事、不出事"。领导岗位就是干事创业的平台，领导干部走上各自的岗位，都想干一番事业、实现自身价值。但是，光有干劲、有拼劲，却不存敬畏、自律不严，突破了"干净"这个底线，在廉洁问题上翻了船，就算干得再多再好，最终只会一失万无。廉洁自律既是做事的要求，也是一种重要的能力。也只有始终廉洁自律，人生之路才能行稳致远，人生才能真正感受到幸福。当领导干部，必须始终把干净和干事统一起来，在真抓实干和清正廉洁上作表率，在干成事和有价值中体会幸福，不做政治麻木、办事糊涂的昏官，不做饱食终日、无所用心的懒官，不做推诿扯皮、不思进取的庸官，不做以权谋私、蜕化变质的贪官。

50 收放自如，进退裕如，是一种能力

收放自如，形容对某件事物拿捏得很好。进退裕如，指前进和后退均从容而不费力气。领导工作是灵活应变的技巧与不同凡响的待人处事风格的结合，是一种非规范化、非模式化的领导技能和技巧的艺术体现。做领导工作，只有注重提高领导艺术，遵循规律、活用方法、把握分寸，才能有张有弛、大开大合、举重若轻、游刃有余。

没有原则性成不了领导，没有灵活性就会领导不好。毛泽东同志曾说，松树冬夏常青，不怕刮风下雨，严寒之中也能巍然屹立，松树有原则性；柳树插到哪里都能活，柳树有灵活性。共产党员应该有松树的原则性和柳树的灵活性，二者缺一不可。领导工作

是一门艺术,既要讲原则性,又要讲灵活性,两者相互统一、相辅相成、相互促进。原则性是做好工作的"指南针",灵活性是做好工作的"方向盘",只有眼中方向清,手中盘子准,才能到达终点。做工作,如果只讲原则性不讲灵活性,就会导致工作执行机械呆板,难以实现有效领导;只讲灵活性而不讲原则性,又会风吹墙头草,没有主心骨,更不可能做好工作。因此,做领导工作,必须把坚持原则性和讲求灵活性有机结合起来,在重大原则和大是大非问题上,坚定不移,始终如一,不妥协退让;在坚持总原则、大方向的前提下,高度重视策略、方式、办法、措施的多样性和灵活性,做到既有七分"虎"气,又有三分"猴"气。

一味向前就可能撞南墙,后退往往才能更好前进。《易传》云:"知进退存亡而不失其正者,其为圣人乎!"做任何事情,不能一条道走到黑,这是常识。一味地埋头向前进,其结果往往都是"撞上南墙"。执着成大事,但固执会坏事。干事创业,有奋勇向前的决心是好的,但是如果落入了固执己见、盲目自大的窠臼,就要误事、坏事了。俗话说,只退不进是懦者,只进不退是莽汉。许多时候,后退并不代表放弃,而是为了更好地前进。特别是在时机不成熟时,暂时放弃眼前的一些局部利益,作出一定程度的让步和妥协,其实质是顾全大局、化解矛盾,为了更好地蓄势待发。这样的后退不是胆小懦弱、委曲求全,而是力量的积蓄,是一种前进的姿势、一种成熟的气度。做领导工作,一言一行都影响全局,一定要审时度势、灵活应变,善于把握"退"与"进"的辩证关系,懂得退让的艺术,做到当进则进、当退则退,知行知止、进退有度。

51　逆境是一所学校，困难和挫折是严格的考官

志不求易者成，事不避难者进。所有的辉煌和伟大，一定伴随着挫折和跌倒；所有的风光背后，一定都是一串串糅合着泪水和汗水的脚印。逆境、困难、挫折时时会有，任何人都不可能一辈子一帆风顺。而敢于面对困境的人，生命因此坚强；敢于挑战逆境的人，生命因此茁壮。领导干部要勇于在逆境中磨炼自己，在逆境中检验自己。

没有礁石就没有美丽的浪花，没有挫折就没有壮丽的人生。人要经历一些挫折，才会变得坚强起来；生命必须有裂缝，阳光才能照得进来；路上有坎坷，风景才会显得美丽多彩。逆境，能使人正确认识自我、完善自我、成熟自我，没有哪种教育能及得上逆境。人们常说，逆境是磨炼人的最高学府，因为逆境使人成熟，绝境使人醒悟。勇敢面对逆境、敢于战胜逆境，就能在逆境中欣赏到独具特色的风景，悟到许多在顺境中无法参透的人生哲理，砥砺出坚韧不拔、不骄不躁的品质，锤炼出逢山开路、遇河架桥的意志，磨砺出吃苦在前、拼搏在先的昂扬斗志。经历沧海桑田的洗礼，生命自会日渐茁壮。可以说，逆境是每个人成长的必经过程，更是领导干部走向成熟的必经过程。逆境方知奋斗乐，何须人间觅坦途。领导干部只有在逆境中保持良好的心态，始终坚忍不拔，主动迎难而上，做到愈挫愈勇，才能通过不屈的搏击，使困难和挫折变成学问与见识；才能通过艰难困苦的淬炼，使自己磨出"真功夫"、练出"大心脏"；才能在"山重水复疑无路"时收获"柳暗花明又一村"。

困难和挫折既是人生的磨刀石，更是人生的试金石。习近平总书记强调，"大事难事看担当，逆境顺境看襟度"，党的干部必须"面对大是大非敢于亮剑，面对矛盾问题敢于迎难而上，面对困难危机敢于挺身而出，面对失误错误敢于承担责任，面对歪风邪气敢于坚决斗争"。困难和挫折是试金石，能鉴别出好干部。面对困难和挫折，要么勇往直前，始终保持一种坚韧不拔、百折不挠的斗志和锐气；要么被困难吓倒，犹豫畏难，碌碌无为。两种不同的表现，反映着不同的人生追求、价值取向、党性作风、责任担当。在困难和挫折这面镜子前，领导干部的能力高低、作风高下一目了然，一切伪装都无所遁形。疾风知劲草，板荡识诚臣。当领导干部，就要积极主动在战胜困难和挫折的实践中检验自己，全面查找自己在理论功底、党性修养、胸襟胆识、政策水平、能力本领、意志耐力等方面的差距和短板，在困境中总结提高，在失败中吸取教训，补短板、强弱项，使自己更加完善、不断提高，真正成为烈火真金。

52 在逆境中看到希望，在困境中看到光明，在风险中发现机遇

俗话说，"哀莫大于心死"。人生之路并非坦途一条，在前进的道路上，必然会遇到各种各样的困难。走好人生之路，最重要的是始终面向阳光，永远心怀希望，即使境遇不佳，也能坦荡面对，勇于用自身的努力去改变现状。领导干部无论面对何种艰难境遇、面

临何种风险挑战，都要保持乐观的心态，凡事向好的方面想、朝好的方向努力。

只要时刻微笑面对世界，世界就会永远向你微笑。人有旦夕祸福，月有阴晴圆缺。事物总有缺憾性，有好的一方面，也会有不好的一方面。正是这种不完美，给人带来了希望和梦想。所以人们常说，生活是一面镜子，你对它笑，它就对你笑。心有希望是一种幸福，对明天怀有希望，就能驱走今天的悲伤，让人感受到世间的美好，无论身处什么样的境遇，都能心有光明，获得面对困境的人生信念、积极心态和攻坚克难的内生力量。心有希望还是一种能力，能够促使人积极调适自己的内心，及时清扫心理垃圾，始终保持良好状态，无论面对何种困难和挑战，都内心强大、心存希望。领导干部在工作和生活中，要增强辩证思维，既要看得到逆境、困难、风险，也要有博大的心胸、积极的心态，坚信"只要思想不滑坡，办法总比困难多"，在逆境中勇敢无畏，在困难中披荆斩棘，在风险中化危为机。

风险总是与转机并存，抓住了就是机遇，抓不住就是危机。习近平总书记强调，领导干部要深入分析，全面权衡，准确识变、科学应变、主动求变，善于从眼前的危机、眼前的困难中捕捉和创造机遇。古人常说，"祸兮福所倚，福兮祸所伏"。世界上的事情，上天在关上一扇门的同时，总是又打开了一扇窗。逆境和顺境、困难和容易、风险和机遇总是相生相伴。面对困难矛盾和风险挑战，是否能转危为安、化危为机、化被动为主动，关键在于是否有求变之胆量、识变之本领、应变之招策。只有善于做最好的打算，尽最大的努力,始终以积极进取的态度面对困难和挑战,才可能打开成功之门。明者因时而变,知者随事而制。领导干部做工作,要拿出"敢为天下先"的勇气,勇做第一个"吃螃蟹"的人,敢于向逆境挑战,敢于向困难叫板,敢于向风险出招,从容应对各种困难和挑战。要坚持用战略思维、辩证思维等科学的思维方法武装头脑、指导实践,善于从实际出发去掌握事物发展总体态势,对"过去"有清醒深刻的认识,对"未来"有全面客观的分析和预测,努力在危机中育先机、于变局中开新局。

53 在胜利和顺境时不骄傲不急躁,在困难和逆境时不消沉不动摇

人生如山,有巅峰也有低谷;事业如河,有平缓也有旋涡。唯有内心强大、不骄不躁、意志顽强,才能跨山蹚河,尝到胜利的果实。毛泽东同志在党的七届二中全会上指出,"中国的革命是伟大的,但革命以后的路程更长,工作更伟大、更艰苦","务必使同志们继续地保持谦虚、谨慎、不骄、不躁的作风"。顺境检验心志高低,逆境看出意志高下。领导干部必须具备"乌蒙磅礴走泥丸"的气概,"千磨万击还坚劲"的勇毅,胜不骄,败不馁。

"运"是成功者的谦辞,"命"是失败者的借口。马克思曾说:"生活就像海洋,只有意志坚强的人,才能到达彼岸。"在逆境中,智者知难而进,愚者消沉不前。实际上,所谓的逆境,一多半都

是自己的心理沮丧造成的。身之主宰便是心，一个人有什么样的内心，就有什么样的行动，最终也就有什么样的境遇。在胜利和顺境时，感到欣喜满意是人之常情，但如果得意忘形、骄傲自满、目中无人，逐渐陷入得过且过、不思进取、疏于戒备的状态，终将"得不偿失"；在困难和逆境时，感到失落难过也是人之常态，但如果努力走出阴霾、愈挫愈勇，就有机会重整旗鼓、东山再起，也将"失而复得"。人人仰慕的成功者，无不是心胸宽广、内心强大、宠辱不惊、拿得起放得下的人。做领导工作，必然会遇到各种意想不到的新情况、新问题、新矛盾，也不可避免有顺境、有逆境、有困难、有挫折，关键是要练就"不以物喜，不以己悲"的强大内心，既不妄自尊大，也不妄自菲薄，受得了成功、经得住挫折。

*处逆境心，须用"开拓法"；处顺境心，要用"收敛法"。*人最大的敌人其实是自己，只要自己不打倒自己，就谁都打不倒你。身处逆境时，不仅不能悲观失望，还必须保持开拓进取之心，保持自信、振奋精神、迎接挑战，唯有如此，才有可能战胜困难，在吃一堑、长一智中，不断成长、不断向前，走向成功，而不是被挫折彻底击败。而身处顺境，切记做到收敛，谦虚低调、谨慎行事，始终保持清醒的认知，绝不能有丝毫的自满自傲、妄自尊大、自我膨胀，反之，其结局往往是兴尽哀生、乐极生悲。现实中，有的干部自命不凡，做出一点点成绩，就自以为能耐了得，终日牛气冲天，做人做事目中无人；有的自惭形秽，遭到一点点挫折、受到一点点委屈，就悲观失望、消极懈怠、一蹶不振；等等。这样的领导干部最终必会摔跤跌倒、自毁前程。领导干部任何时候都要保持头脑清

醒，在逆境时不被困难吓倒，鼓足迎难而上的勇气，做到生命不熄、奋斗不止；在顺境时居安思危、常思己过，严谨细致、小心谨慎地做好每件事，绝不做被胜利冲昏头脑的傻事、糊涂事。

54 在斗争中提高斗争本领，在斗争胜利中坚定必胜信心

中国共产党是敢于斗争、敢于胜利的伟大政党。发扬斗争精神是我们党赢得过往一切胜利的政治优势和强大精神武器。习近平总书记指出："领导干部不论在哪个岗位、担任什么职务，都要勇于担当、攻坚克难，既当指挥员、又当战斗员，培养和保持顽强的斗争精神、坚韧的斗争意志、高超的斗争本领。"领导干部要自觉加强斗争历练，在斗争中学会斗争，在斗争胜利中坚定必胜信心，努力成为敢于斗争、善于斗争的勇士。

精雕细琢方为器，千锤百炼始成钢。实践出真知，斗争长才干。习近平总书记强调，大风大浪中才能培养出大智大勇。不经历几次"风吹浪打"，不捧过几块"烫手山芋"，不当几回"热锅上的蚂蚁"，怎么可能练出真本领。"领导干部要经受严格的思想淬炼、政治历练、实践锻炼，在复杂严峻的斗争中经风雨、见世面、壮筋骨，真正锻造成为烈火真金。"斗争不是喊口号，得有硬功夫、真本事。斗争本领不是与生俱来的，得真学真练，到风高浪急的大海里去冲浪，到真刀真枪的战场上去搏杀。领导干部只有积极投身斗争实践，冲锋在前，才能在复杂严峻的斗争中提高草摇叶响知鹿

过、松风一起知虎来、一叶易色而知天下秋的见微知著能力，夯实敢于斗争、善于斗争的思想根基，增强"任凭风浪起，稳坐钓鱼船"的政治定力，真正练就高强的斗争本领。

胜利倍增信心，信心战胜一切。信心比黄金更重要。习近平总书记强调："全党要充分认识这场伟大斗争的长期性、复杂性、艰巨性，发扬斗争精神，提高斗争本领，不断夺取伟大斗争新胜利。"胜利不会自然到来，胜利需要战斗。夺取伟大斗争新胜利，首先就要坚定敢打必胜的坚强信心。面对百年未有之大变局，面对复杂多样的风险挑战，我们全党只有坚定必胜信心，做到泰山压顶不弯腰，危机来临有定力，才能有效应对重大挑战、抵御重大风险、克服重大阻力、解决重大矛盾，当好人民的主心骨，带领人民打赢这场具有许多新的历史特点的伟大斗争。领导干部作为党的事业的骨干，必须树立斗争信心、坚定理想信念，始终坚信有以习近平同志为核心的党中央坚强领导、有习近平新时代中国特色社会主义思想的科学指引、有中国特色社会主义制度体系的强大优势、有改革开放以来特别是党的十八大以来积累的雄厚物质基础、有众志成城的伟大人民和民族精神，必将夺取伟大斗争新胜利。

55 志成于坚而限于锐，功成于久而限于速

习近平总书记指出："只要坚持，梦想总是可以实现的。"做任何事情，只要持续努力，不懈奋斗，就没有攻克不了的难关，而如

果半途而废、虎头蛇尾，终将一事无成。靡不有初，鲜克有终。领导干部干事创业，前途是光明的、道路是曲折的，唯有坚持不懈、持之以恒，善始善终、善作善成，才能创造不平凡的业绩。

志不可一日坚，心不可一日放。"古之立大事者，不唯有超世之才，亦必有坚忍不拔之志。"滴水穿石，主要在于坚韧不拔；铁杵成针，关键是久久为功。无论做什么事情，要想成功，都非易事，都要经过艰难的探索与实践。有的人历经磨难，却初心不改、坚持到底，最终获得了成功；有的人被困难吓倒，半途而废，离成功也越来越远。这两者的区别，归根结底就在于是否具有坚忍不拔、持之以恒的品格。鲁迅先生曾说："不耻最后，即使慢，驰而不息，纵令落后，纵令失败，但一定可以到达他所向往的目标。"成大业，许多时候并不在于力量的大小，而是在于能坚持多久。现实中，一些干部今天一个思路、明天一个战略，想法很多，做法也不少，但就是没有恒心、韧劲，最终蓝图绘了一张又一张，不仅做不成事，还误事坏事。这种缺乏毅力的行为，不仅事与愿违，更是对党和人民事业的极不负责任。绳锯木断，水滴石穿。领导干部干事创业当始终保持一股韧劲。

逆水行舟用力撑，一篙松劲退千寻。习近平总书记强调："我们党要团结带领人民有效应对重大挑战、抵御重大风险、克服重大阻力、解决重大矛盾，必须进行具有许多新的历史特点的伟大斗争，任何贪图享受、消极懈怠、回避矛盾的思想和行为都是错误的。"干事创业难在坚持、贵在坚持、成在坚持、赢在坚持。《愚公移山》有言："子子孙孙，无穷匮也，而山不加增，何苦而不平？"愚公精神告诉我们，只要有决心、有韧劲，千仞高山可移平。如果思想上放松警惕，有了"停一停""歇一歇"的念头，就容易滋生惰性，殊不知"躺下了"就可能"起不来"，"打个盹"就可能"睡过去"，再想重整旗鼓就难上加难了。领导干部要时刻保持奋进姿态，越是艰险越向前，一如既往、慎终如始，步履不停、倍道而行，不获全胜不收兵，始终以永不懈怠的精神状态推进各项工作。要发扬钉钉子精神，韧字当头、以韧促干，"千磨万击还坚劲"，"咬定青山不放松"，一茬接着一茬干，一张蓝图绘到底，蹄疾步稳、久久为功。要打通"最后一公里"，慎终如始、全神贯注、攻坚克难、披荆斩棘，全力以赴把最后的任务完成，善始善终、善作善成。

56　坚强是成功者的通行证，懦弱是失败者的墓志铭

俗话说，没有过不去的坎，只有过不去的心。前进的道路总是布满了荆棘和坎坷，但难以逾越的往往不是坎坷，而是人的内心，只有心中的懦弱才会使人丧失战胜困难的勇气。做任何事情，畏惧挑战比挑战本身更可怕。领导干部是带领干部群众干事创业的领头羊，面对矛盾困难、风险挑战，必须坚毅勇敢、始终坚强。

人生有许多必须，其中就有必须坚强。生活就像海洋，只有意志坚强的人，才能到达彼岸；困难就像弹簧，你越是懦弱，它就越发反弹。有人说，乐观的人总在黑暗里坚强，悲观的人总在幸福里感伤。生命的旅途，面对的是艰难；生活的履历，记载的是坚强。

要生存，就要进取；要成功，就要坚强。流过泪的眼睛更明亮，滴过血的心灵更坚强。痛苦的全部价值，是让你更坚强。坚强的人，并不是能应对一切，而是能忽视所有的伤痛，拿出一股"粉身碎骨浑不怕"的气概去迎风雨、接挑战，在创伤中成熟、在经历中成长。倘若在困难面前缩了头，在畏难关头退了步，在风险面前胆战，一切机遇都将在"怕"中失去，拒绝了坚强也就拒绝了成长。懦弱的人只会裹足不前，真正坚强的人才能所向披靡。做领导工作，接触的人和事涉及方方面面，面对的情况和问题经常千头万绪，面临的矛盾和风险往往盘根错节，压力是很大的，如果没有强大的内心、坚强的意志，就容易在压力面前打败仗，在畏首畏尾中摔跟头，在自怨自艾中自轻自弃。

懂得承受，才能撑起生命的晴空。没有人能替你承受痛苦，也没有人能抢走你的坚强。要走出懦弱的阴影，练就骨子里的坚强，唯有直面实际，懂得承受、敢于承受、乐于承受，无论面对任何境遇，都始终牢记虚心就是坚强，努力就是坚强，痛而不泣就是坚强，不自弃就是坚强，从头再来就是坚强。只要不放弃，就没有什么能让自己退缩；只要够坚强，就没有什么能把自己打垮。即使是装，也要装得坚强，有时候坚强装得久了，内心也就真的强大了，也就真正坚强了。这也是心理暗示的结果。领导干部要始终保持积极心态，增强自信，敢作敢为、激情满怀、奋勇当先，在困难面前挺得住，面对挫折不气馁，学会抗压、减压、释压，始终向前、向上、向善。要锻造成熟的心理素质，涵养内心力量，面对繁重工作、突发事件时，要处变不惊、镇定冷静，做到任凭风吹浪打，我自岿然不动。要善于总结失败的经验教训并起而行之，改变思维、改变方法，要珍惜困难和失败的正面价值，把每一次困难和失败当作成长进步的垫脚石。

57 志不求易者成，事不避难者进

《后汉书·虞诩传》曰"志不求易，事不避难，臣之职也"，说的是为官者立志应不贪求容易实现的目标，做事应不回避困难，这样才能取得成功。古往今来，志不求易，事不避难，一直是成大事者的必备品质和精神追求。至于当下，正如习近平总书记所指出："全面深化改革，啃硬骨头、涉险滩，更需要领导干部敢于担当，尤其要牢固树立进取意识、机遇意识、责任意识。"对于广大干部而言，只有把个人的志向同国家的前途命运、人民的向往联系在一起，迎难而上，逢山开路、遇水架桥，才能创造出无愧于党、无愧于人民、无愧于时代的业绩。

有志事易，无志事难。习近平总书记曾说："志向高远便力量无穷。"回望百年征程，我们党一路走来，历经无数艰险和磨难，但任何困难都没有压垮我们、任何敌人都没能打倒我们，靠的是什么？靠的就是千千万万的党员始终心怀共产主义的远大志向。在革命年代，多少先烈为了共产主义的远大志向，视死如归、大义凛然，谱写"只要主义真"的热血诗篇；在社会主义建设时期，多少共产党人积极投身新中国火热的建设实践，以实实在在的奋斗为远

大志向注入具体内涵和实际内容，抒写"敢教日月换新天"的壮志豪情；改革开放新时期，多少共产党人以敢为人先、搏击潮头的干劲投身改革开放的伟大实践，挥写"自信人生二百年"的改革诗篇。进入新时代、踏上新征程，面对各种艰难险阻，广大干部尤其要志存高远，敢啃最硬的骨头、挑最重的担子、理最复杂的线头，勇于在危机中育先机、于变局中开新局。

知难不畏，绝壁可攀。《为学》一文中说："天下事有难易乎？为之，则难者亦易矣；不为，则易者亦难矣。"事在人为，为之则易、不为则难。历史，从来都是在直面问题和攻坚克难中展开波澜壮阔的画卷。习近平总书记在总结百年党史时深刻指出："一百年来，在应对各种困难挑战中，我们党锤炼了不畏强敌、不惧风险、敢于斗争、勇于胜利的风骨和品质。"正是这种事不避难的精神和品质，让我们闯过一个个"娄山关""腊子口"，带领中国人民从站起来到富起来再到强起来。在困难面前，共产党人一贯是"行动哲学"。有多大担当才能干多大事业，尽多大责任才会有多大成就。广大干部要把困难挑战作为磨刀石，直面棘手问题、复杂矛盾，知难而进，迎难而上，练就硬本领、开辟新天地、干出大事业。

58 信心、毅力、勇气三者具备，则天下没有做不成的事

习近平总书记强调："历史只会眷顾坚定者、奋进者、搏击者。"终日犹豫不前、懈怠畏难的人，目光看不到远处、手上解不开束

缚、脚下迈不开步伐，既无法行走于当下，更不能驰骋于未来，最终只会被历史所抛弃。干部事求恒成，信心、毅力、勇气三者不可缺一。

自信就是力量，信心就是成功。自信是一种积极的情感，它不仅是个人立于世的必备气质，更是一个国家、一个民族发展壮大的必要特质。纵观历史，自信始终是中华民族精气神的集中体现。屈原在《楚辞·涉江》中写道"登昆仑兮食玉英，与天地兮同寿，与日月兮齐光"，岳飞出征前喊出"壮志饥餐胡虏肉，笑谈渴饮匈奴血"，毛泽东同志曾豪言"自信人生二百年，会当水击三千里"。伴随着共产党人筚路蓝缕、以启山林的奋斗历程，中华民族的自信逐渐演进为中国特色社会主义的道路、理论、制度、文化"四个自信"，成了共产党人夺取一个又一个胜利的重要武器。新发展阶段，干部要坚定"四个自信"，面对困难和挑战毫不畏惧、一往无前，不断跨越一个又一个新的"娄山关""腊子口"。

锲而不舍，金石可镂。《诗经》有云："靡不有初，鲜克有终。"指的是做人、做事善始容易，善终却难，有毅力坚持到底的可谓少之又少。《战国策·秦策》记载，在六国国力衰退、秦一统天下指日可期之时，秦王却逐渐松懈下来。此时，有人告诫秦王："诗云，'行百里者半于九十'，此言末路之难也。"秦王幡然警醒，最终完成了统一大业。习近平总书记勉励全党："幸福和美好未来不会自己出现，成功属于勇毅而笃行的人。"中国特色社会主义进入新时代，中华民族比历史上任何时候更接近伟大复兴，干部须克服浮躁情绪，警惕"末路之难"，拿出"不破楼兰终不还"的韧劲和"一锤接着一锤敲"的坚持,铆足干劲、力争上游。

行者无疆,勇者无畏。勇气是个组合概念。"勇",即处变不惊、定力十足、敢为天下先的果敢,"气",即敢容错、善纠错、能改错的气魄,二者共同反映了个人内在的精神品质和干事创业的胆略。习近平总书记指出,敢于斗争,敢于胜利,是中国共产党人鲜明的政治品格,也是我们的政治优势。面对国内外环境发生的深刻变化以及前进道路上的风险挑战,领导干部要继承党的光荣传统,始终保持敢闯敢干、一往无前的奋斗姿态,勇于到最难的地方摸实情、找原因、想办法,勇于去最难的岗位经风雨、练本事、长见识,勇于在最难的情况中转危机、开新局、强布局,以"万折必东不回头"的无畏精神和"赴百仞之谷而不惧"的顽强意志,奋勇前行开好"顶风船"、走好"上坡路",不断为党和人民创造新的业绩。

59 不后悔,莫过于做好三件事:一是知道如何选择;二是明白如何坚持;三是懂得如何珍惜

王国维在《人间词话》中描述古今之成大事业、大学问者,必经过三重境界。第一境界:"昨夜西风凋碧树,独上高楼,望尽天涯路",意为登高望远、瞰察路径,知道如何选择;第二境界:"衣带渐宽终不悔,为伊消得人憔悴",意为执着追求、忘我奋斗,明白如何坚持;第三境界:"众里寻他千百度,蓦然回首,那人却在灯火阑珊处",意为回首感叹,懂得如何珍惜。做到这三点,就能

"定乎内外之分,辨乎荣辱之境",再不会遗憾后悔。

忍其小,择其大。常人往往趋利避害、护犊顾家,而有着坚定理想信念和崇高精神追求的革命志士则选择舍小家、为大家,为民报国、不怕牺牲。烈士刘伯坚在留给家人的最后书信中写道"生是为中国,死是为中国",坚信"不久的将来中国民族必能得到解放","决定一死以殉主义并为中国民族解放流血",表示"为中国革命牺牲毫无遗恨",字里行间透着赤胆忠心、家国情怀、民族大义和初心使命。步入新时代,习近平总书记告诫全党:"历史接力棒已经传到我们这一代人手中,我们必须作出无愧于人民、无愧于历史的抉择。"这就要求干部树立没有私欲、不图回报、拼命干事的得失观以及"亏了我一个,幸福无数人"的价值取向,舍得付出、舍得吃苦、舍得奉献,做为民服务孺子牛、创新发展拓荒牛、艰苦奋斗老黄牛,以自己的辛苦指数换取群众的幸福指数。

绳锯木断,水滴石穿。做任何事,持之以恒才会有成效。古之立大事者,不唯有超世之才,亦必有坚忍不拔之志。习近平总书记深刻指出,为什么中国革命能成功?奥秘就是革命理想高于天,在最困难的时候坚持下去,这样才能不断取得奇迹般的胜利。湘江血战的辉煌战果、红军长征的伟大胜利,这些都是共产党人对必胜信念的执着坚持,是共产党人在绝境中顽强不屈、英勇奋斗的历史写照。如今,开启全面建设社会主义现代化国家新征程、向第二个百年奋斗目标进军的蓝图已经擘画,党员干部须警惕麻痹思想、厌战情绪、侥幸心理、松劲心态,发扬钉钉子精神,一件任务一件任务落实,一个节点一个节点推进,以"咬定青山不放松"的顽强作风与韧劲持续推进各项事业。

日月既往，不可复追。"珍惜"一词最早见于《三国志·吴志·诸葛恪传》，原文是"上熙国事，下相珍惜"，意指执政者兴盛国事，百姓对其就珍重爱惜。"政声人去后，民意闲谈中。"正如人们看见兰考泡桐就想起焦裕禄，到了大亮山林场就想起杨善洲一样，干部在任上有了实绩，百姓心中就为他们立碑、青史就为他们留名。一名干部在一个岗位的时间是有限的，在一个地方工作的时间更有限，要倍加珍惜在岗位的时间，不戚戚于任上就干出惊天政绩，不耿耿于任上就有显赫声名，只问自己为百姓做过什么、为后代留下什么，甘于"自己栽树，让后人乘凉"，把岗位看作为党的事业奉献的机会、为人民服务的机会，尽职尽责、有所建树，为官一任，造福一方。

第四篇

洞察全局科学决策的本事

60 不厚其栋，不能任重

"不厚其栋，不能任重"出自《国语》，本意是栋梁必须粗壮才能承受住巨大的压力。比喻只有成长为有德行、有才能的人，才可以担任重要职务。毛泽东同志曾经深刻指出："没有多数才德兼备的领导干部，是不能完成其历史任务的。"为官从政不是混日子，需要过硬的能力素质作支撑。党的干部与新时代同向同行、共同前进，生逢盛世，肩负重任，只有立大志、明大德、成大才，才能担当起民族复兴之大任。

德不称，其祸必酷；能不称，其殃必大。子曰："德薄而位尊，知小而谋大，力少而任重，鲜不及矣。"意思是说，一个人德行浅薄却地位尊崇，智能低下却图谋大事，力量弱小却负担重任，这样的情况，很少有不招致灾祸的。战国时期，赵括自认为很会打仗，死搬兵书上的条文，在长平之战中完全改变了廉颇的作战方案，结果导致40多万赵军尽被歼灭，自己也被箭射死。德若缺位，不可大任；才不配位，难堪重任。干部如果水平低、能力弱，选配进了班

子就是凑结构、占位子，根本挑不起担子，甚至可能给党和人民的事业造成损失。德才兼备，方堪重任。干部要用新时期好干部标准严格要求自己，真正做到信念坚定、为民服务、勤政务实、敢于担当、清正廉洁，德配其位、才配其位。

唯其艰难方知勇毅，唯其磨砺始得玉成。"木有所养，则根本固而枝叶茂，栋梁之材成。"晋代的祖逖胸怀大志、闻鸡起舞，终于成为国家的栋梁之材。习近平总书记要求我们立大志、明大德、成大才、担大任，努力成为堪当民族复兴重任的时代新人。干部要矢志复兴，增强"四个意识"、坚定"四个自信"、做到"两个维护"，爱国奋斗、赤诚奉献，把人生理想、热血青春融入实现中华民族伟大复兴中国梦的不懈奋斗中；要修养品德，明大德守公德严私德，铸牢理想信念、锤炼坚强党性，恪守为民理念，践行社会主义核心价值观，戒贪止欲、克己奉公；要提高本领，通过加强思想淬炼、政治历练、实践锻炼、专业训练，增强"八种本领"，提高"七种能力"；要勇挑重担，脚踏实地、埋头苦干，在真刀真枪的实干中成就一番事业，肩负起时代重任。

61 水浅行小舟，水深走大船，违背规律就会搁浅或翻船

《庄子·逍遥游》云："且夫水之积也不厚，则其负大舟也无力。"当能力满足不了岗位的需要，面对风险挑战就会"等、靠、混"，面对棘手问题就会"推、躲、拖"，难以担负重任。责重山岳，能

者当之。软肩膀挑不起硬担子，铁肩膀才能担起新使命。干事创业、攻坚克难，必须努力提高本领，练就扛重活、打硬仗的铁肩膀；必须尊重科学、遵循规律，按客观规律办事。

有多大的能耐，干多大的事业。人无弃才，才各有用。大材宜大用，小材宜小用。大材小用或小材大用，难免会误事、坏事。能耐大的就要主动担当重任，能耐小的就应自觉做好辅助。一个人的能耐要与时俱进，不能止步不前，否则就会被淘汰。当事业发展到一定的阶段，就会对从事这项事业的人的能力素质提出更高的要求。华为创始人任正非曾对员工说："为了胜利，必须逼你们，你们不努力去补课，就换人。换下来的人不一定不好，但改革一定要成功，我们输不起，不会因迁就一些人毁了改革大局。"不适应事业发展，被替换是必然的。当前，世界百年未有之大变局加速演进，我国发展的内部条件和外部环境正在发生深刻复杂变化。党和国家事业越发展，对干部的能力要求就越高。时代呼唤铁肩膀。铁肩膀不是与生俱来的，而是在实践中摸爬滚打、砥砺磨炼出来的。干部要在矛盾冲突面前敢于迎难而上，在危机困难面前敢于挺身而出，多历"风吹浪打"，多捧"烫手山芋"，多当"热锅上的蚂蚁"，经风雨、见世面、壮筋骨、长才干，真正锻造成为烈火真金。

劈柴不照纹，累死劈柴人。无视和违背客观规律，往往事倍功半；尊重并遵循客观规律，方能事半功倍。毛泽东同志指出："人们要想得到工作的胜利即得到预想的结果，一定要使自己的思想合于客观外界的规律性，如果不合，就会在实践中失败。"人们常说，顺理而行，从心所欲。"理"就是规律。在革命、建设、改革各个历史时期，我们党运用历史唯物主义，系统、具体、历史地分析中国社会运动及其发展规律，在认识世界和改造世界过程中不断把握规律、积极运用规律，推动党和人民事业取得了一个又一个胜利。规律无处不在，干事创业、改革发展都是有规律可循的。领导干部既要满怀气魄、主动进取，又要尊重科学、遵循规律。制定一项政策、推动一项改革、启动一个工程、上马一个项目，必须以认识规律、把握规律、遵循和运用规律为前提，按客观规律办事，不蛮干乱干；必须坚持理论联系实际，运用科学理论指导实践、推动工作。

62 务虚是"运筹帷幄之中"的谋划，务实是"决胜千里之外"的行动

务虚与务实是一个事物的两个方面。务虚是运筹帷幄之中的谋划，是要解决想的问题；务实则是决胜千里之外的实践，是要解决干的问题。务虚是务实的前提，务虚的目的就是更好地务实，二者可谓并蒂之花、相辅相成，辩证统一于全部领导活动之中。现实中，有的领导干部不能正确处理务虚与务实的关系。有的只会务虚，"嘴行千里，屁股在屋里"，讲道理头头是道，谈思路神采飞扬，但一面对实际工作、复杂问题，就避实就虚；有的只会务实，满足于办一些具体事情，不进行规律性的总结提升和系统谋划，不会结合实际创造性地开展工作。行动者只做两件事：一是目标，二是实

现目标的行动。领导干部要有所作为、成就事业,必须正确处理务虚与务实的关系。

不审天下之势,难应天下之务。务虚是针对决策环节而言,是决策前对决策的可行性、具体操作、突发情况预案等的分析研究过程,是对事物发展规律与走势进行高屋建瓴的宏观把握。"跛足而不迷路,胜过健步如飞而误入歧途的人。"科学的务虚有助于认清形势,把握趋势,少走弯路,提高效率。成功的领导干部,必须登高望远,成为善务虚的指挥家。在进行重大决策之前进行务虚,可以集思广益、充分酝酿,减少决策失误,避免盲动蛮干。领导干部要增强战略思维、系统思维,科学统筹国际国内两个大局,统筹经济社会发展全局,统筹当前发展与长远发展。

没有具体的务实,一切务虚都是空谈。商界有句名言:"一个前途光明的成功者,应该是一个务实的理想主义者。"只务虚不务实就好比墙上芦苇,头重脚轻根底浅,风必摧之,所务之"虚"就可能是浪费时间与精力。务虚的方式是"虚",但所务的内容和过程却是"实"。不能借口务虚,不干实事、不求实效、坐而论道。"世界上的事情都是干出来的,不干,半点马克思主义都没有。"有了思路和目标,还要认真研究制定抓工作落实的规划和措施,督促检查工作的质量效果,及时纠正落实中的问题和偏差,总结推广工作落实的经验和典型,确保各项工作落到实处。

谋定而后动,厚积而薄发。务虚不是脱离实际的空谈,而是观察形势、探讨理论、谋划思路、把握全局、制定政策、规划未来的一项重要工作,是认识事物规律的一种领导艺术和领导方法。务实就是干实事、讲实效，解决实际问题，在"实"字上下真功夫、苦功夫、深功夫。务虚与务实是思想方法和工作方法的两个轮子，虚中有实，实中有虚，不可分割。要以务实的态度务虚、以务虚的精神务实，才能增强自身素质，提高工作水平，卓有成效地开展工作。领导干部要坚持求真务实，一切从实际出发，理论联系实际，重务实、善务虚，想大事、谋长远、解难题。

63 克服思维上的惯性，克服行为上的惰性，克服视野上的狭隘性

创新是一个持续动态的过程，需要敢于打破常规和现状，不断挑战自我、追求卓越。创新是中华民族的鲜明精神品格。中华民族之所以能够生生不息、发展壮大，历经坎坷而不气馁，靠的就是革故鼎新、求变图强的创新精神。习近平总书记指出："当前，改革发展稳定任务之重、矛盾风险挑战之多、治国理政考验之大都是前所未有的。"进入新时代，我们要赢得优势、赢得主动、赢得未来，全面建设社会主义现代化，必须坚持和运用辩证唯物主义和历史唯物主义的世界观和方法论，从惯性、惰性、狭隘等自身不足中走出来，解放思想、转变观念、开拓创新，以新姿态迎接新挑战，以新状态踏上新征程。

破除思维定式，敢于解放思想。思维的高度决定事业的高度。英国哲学家培根就说过，习惯是一种顽强而巨大的力量，它可以主

宰人生。习惯可以帮助人们在工作和生活中保持熟练的行为状态，迅速解决问题，但也会束缚人们的创新思维。鲁迅说过，其实地上本没有路，走的人多了，也便成了路。全面建设社会主义现代化是前无古人的崭新事业，找不到现成的教科书，刻舟求剑不行，闭门造车不行，异想天开更不行。没有"明知山有虎、偏向虎山行"的开拓勇气，没有"逢山开路、遇水架桥"的开创精神，就不可能把改革发展推向深入。领导干部要跳出思维定式、拓展思维边界，遇到问题善于多角度、多维度寻找解决方案，敢于走别人没有走过的路，不能总是"翻老皇历""找教科书"。要坚持解放思想与实事求是相统一，走出思维的舒适区，不断深化对事物发展规律的认识，以新的理念、思路和办法，创造性地破解难题。

破除消极懈怠，敢于自我超越。人最大的敌人是自己。创新是打开束缚思维、禁锢思想沉重枷锁的唯一钥匙。实现现代化是近代以来中国人民不懈的追求，实现中华民族伟大复兴是近代以来中华民族最伟大的梦想。在新时代新使命面前，任何懈怠和松劲都是对历史和人民的不负责任。习近平总书记强调："良好的精神状态，是做好一切工作的重要前提。"如果党员、干部责任意识不强，担当精神缺乏，该抓的不敢抓、该管的不愿管、该办的不会办，不作为、慢作为，工作就难以推进，任务就难以完成，梦想就难以实现。领导干部要挺起共产党人的精神脊梁，克服消极懈怠、为官不为等不良心理和状态，更加自觉地谋事、干事、成事，以夙夜在公、只争朝夕的工作状态，全身心地投入到全面建设社会主义现代化国家的伟大事业中。

破除视野局限，敢于放眼远方。古人云："欲穷千里目，更上一层楼。"一个人要想成就一番事业，需要具备开阔的视野。而今眼目下，有不少领导干部不读书、不看报、不调查研究，视野不宽、知识老化，在制定一地的发展战略时，一片茫然，心中没数，说不出个子丑寅卯，人云亦云。解决本领恐慌问题，就要解决知识更新不够迅捷、知识结构不够优化、眼界和视野不够宽阔的问题，注重涵养大气，培育博大胸襟，树立新理念、追求新知识，提高领导艺术。要坚持解放思想与实事求是辩证统一、发挥主观能动性与尊重客观规律辩证统一，跳出自身看自身，跳出"小我"看"大我"，克服主观主义和瞎指挥。

64 无法改变风向，可以调整风帆；难以改变事物，可以重塑观念

习近平总书记强调，历史总是在不断解决问题中前进的。我们党领导人民干革命、搞建设、抓改革，都是为了解决我国的实际问题。当前，我们正面临中华民族伟大复兴战略全局和世界百年未有之大变局，立足新发展阶段、贯彻新发展理念、构建新发展格局，需要解决的问题会越来越多样、越来越复杂。如何科学地分析问题、判断问题，是提高解决实际问题能力的重要前提。积极健康的心态是个人、社会、国家发展进步的重要社会心理基础，也是国家软实力的重要组成部分。"欲事立，须是心立。"习近平总书记指

出:"新时代要有新气象,更要有新作为。"建设社会主义现代化强国,需要有与之匹配的良好心态、状态、姿态,想为敢为、勤为善为。

思路决定出路,学会换个角度看问题。"横看成岭侧成峰,远近高低各不同。"保持良好的心态,多换个角度看问题,是领导干部坚持问题导向开展工作的重要辩证法。"塞翁失马,焉知非福。"一个人的生命旅途犹如一次长途跋涉,跋涉中总会经历风雨的洗礼,荆棘的磨炼;只想走直路,不会转换角度、改变方向的人,永远登不上人生的制高点。遭遇了痛苦却不放弃对快乐的寻找,经历了苦难却不放弃对幸福的追求,这样的人生才会柳暗花明、风景无限。马克思说得好,问题和解决问题的手段同时产生。办法总比困难多。古往今来,大凡成功者都能在遇到困难时多换个角度看问题,丰富思路、开阔视野,打开一片豁然开朗的新天地。

以思想"破冰",推动发展"突围"。创新是引领发展的第一动力。入之愈深,其进愈难,而其见愈奇。看风景如此,解放思想也是一样,观念一变天地宽。在困难面前,一些人选择了逃避和放弃,结果让创新的机会白白溜走。面对前进道路上的各种艰难险阻,要想抵达成功的彼岸,自信是前提,有为是保障。"生活从不眷顾因循守旧、满足现状者,从不等待不思进取、坐享其成者,而是将更多机遇留给勇于和善于创新的人。"如果思维僵化、精神懈怠,就难以"搅动一池春水";如果选择迎难而上,穿越激流险滩,就有可能闯出一片新天地。理性平和看待事物,辩证客观分析问题,实事求是解决问题,尊重科学、遵从规律,脚踏实地、奋斗不止，才能在克服困难、愈挫愈勇、战胜艰险中获得成功。

眼界决定境界，格局决定结局。在井冈山革命斗争时期，毛泽东同志曾在黄洋界哨口问一个战士从这里他能看到哪里。战士回答：能看到江西和湖南。毛泽东同志却说，站在井冈山，还要看到全中国，看到全世界。中国共产党人正是胸怀远大理想，才能将自身命运与国家、民族的命运紧密相连，始终以国家和民族利益为重，团结带领人民不断从胜利走向新的胜利。在改革攻坚期、发展关键期，机遇与挑战并存。习近平总书记指出："担当大小，体现着干部的胸怀、勇气、格调，有多大担当才能干多大事业。"领导干部必须始终坚定共产主义远大理想和中国特色社会主义共同理想，全面增强学习本领、政治领导本领、改革创新本领、科学发展本领、依法执政本领、群众工作本领、狠抓落实本领、驾驭风险本领，敢担当、善作为，为党和人民事业发展作出更大贡献。

65 如果脑袋里一团糨糊，手头上必然一团乱麻

任何工作都有轻重、缓急之分，分清主次、抓住主要矛盾才能事半功倍；抓不住重点，就是瞎忙。德国诗人歌德曾说："重要之事决不可受芝麻绿豆小事的牵绊。"只有分清主次、轻重，我们的工作才会变得井井有条，卓有成效。工作中，有的领导工作起来抓不住重点，一天到晚忙个不停，工作没有头绪，干不到点子上，使得下属劳而无功，手忙脚乱，心烦意乱，忙忙碌碌但业绩平平，结

果不如人意。其实不是不努力，而是不讲究方法，抓不住工作的重点，导致事倍功半。

思路清才能定位准、方向明。做事抓不住重点，就会不得要领，茫然不解、雾里看花、不知所为。凡取得卓越成绩的个人或团队，办事的效率都非常高。这是因为他们能够利用有限的时间，高效率地完成至关重要的工作。要坚持系统推进和重点突破相协调，分领域、有计划地全面推进，关键措施要精准具体，做到抓得实、做得深、走得远；关键部位、主要工作要用全部精力，将其做到最好。要坚持目标导向和问题导向相协调，把握好推进工作的时机、节奏和力度，确保不贻误时机、不掉链子。

不畏浮云遮望眼，只缘身在最高层。站位不高，必然迷失方向；抓而不准，等于没抓。习近平总书记指出，要"科学预见形势发展的未来走势、蕴藏其中的机遇和挑战、有利因素和不利因素，透过现象看本质，抓好战略谋划"。面对纷繁复杂的社会现象、错综复杂的矛盾问题，如果看不清本质、抓不住重点、理不清头绪，只会劳而无功、越忙越乱。领导干部要胸怀大局、把握大势、着眼大事，善于透过现象看本质，从繁杂问题中把握事物的规律性，从苗头问题中发现事物的倾向性，从偶然问题中揭示事物的必然性，找准工作切入点和着力点，做到因势而谋、应势而动、顺势而为。要坚持全面地而不是片面地、系统地而不是零散地、运动地而不是静止地、普遍联系地而不是单一孤立地观察事物，对事物有全面深入的认识、分析和把握，善于从诸多矛盾中抓住主要矛盾，从矛盾的诸多方面中抓住主要方面，把握好主流与支流、整体真实与个体真实的关系,全面呈现事物的本来面貌,推动各项任务落地见效。

66 把复杂的工作简单化,把简单的事情做彻底

政简易从。古往今来,但凡仁者之政,大抵并官省职、务从简约。革命战争年代,陕甘宁边区推行精兵简政,有部门嚷着属于"例外",有人不愿意走,毛泽东同志借《西游记》打比方,铁扇公主虽然很厉害,孙行者却化为一个小虫钻进铁扇公主的心脏里去把她战败了……身体变得小些,但是变得更加扎实些,我们就会变成无敌的了。精兵简政的施行,不仅增加生产、减轻负担,克服了物质困难,还有力提高了工作效率和战斗力。这其中蕴含大道至简的道理。烦苛急政积弊,简约便捷生利。推进国家治理体系和治理能力现代化,要求领导干部善于化繁为简,从无谓的事务中解脱出来,集中精力优化管理和服务。

删繁就简三秋树,领异标新二月花。领导工作不是越来越复杂,而是要越来越简约,简约是领导工作本质的需要。摆在领导干部面前的工作千头万绪,事事都亲自抓,件件都具体做是不可能的。要找出牵一发而动全身的关键性问题,然后深入下去,虚实结合,抓住不放,才能收到事半功倍的效果。详略得当,关键在科学、高效、管用。简约之美,美在务实,就是为文应该删繁就简,为人应该居敬行简,为政应该力戒形式主义、官僚主义。简约不等于贫乏,乃是自省的主体对客体自觉地再整合、再升华。要勇于剔

除冗余的、低效的、无用的因素，再造出少而精、精且管用的治理体制。

把每一件简单的事做好就是不简单。 再高的山都是由细土堆积而成，再大的河海也是由细流汇聚而成，再大的事都必须从小事做起。饭要一口一口地吃，事要一件一件地做。细中见精、小中见大，再复杂的事情，每天坚持做一点，以愚公移山的精神，总有做完的时候。只要认真去做、用心去做，结果有可能比预期的还要好。说成功是因为天赋和才华，倒不如说是因为持之以恒的专注。只有专注于最重要的事，彻底完成这件事后，再开始做下一件事，才能提高效率。一个懂得集中精力做好一件事的人，往往会成为各行各业的佼佼者。

工作简单化不是简简单单完成工作。"志行万里者，不中道而辍足。"做一件事情，往往不是一蹴而就的，有时需要经年累月的坚持与付出。领导干部要以真抓的实劲、敢抓的狠劲、善抓的巧劲、常抓的韧劲，在常和长、严和实、深和细上下功夫，坚持工匠精神和钉钉子精神、一抓到底的作风、坚忍不拔的意志，锲而不舍、敬终如始，不达目的绝不罢休，推动工作破浪前行、开花结果、又好又快。

67 以系统思维确保不漏项、不缺项，凡事力求完美

系统性是事物的基本属性。作为唯物辩证法的重要认识论和

方法论，系统观念是指凭借系统思维分析厘定事物内部各要素的联系，从而探寻事物发展的本质，在整体层面上总结事物发展内含的客观规律。增强系统意识，强化系统观念，就是要更加注重事物之间的关联性，通盘考虑、立足全局、整体谋划和推进工作。习近平总书记多次强调，不谋全局者不足谋一域，要善于观大势、谋大事，自觉在大局下想问题、做工作。领导干部要自觉摆正自己在全局中的位置，观大势、因势而谋、应势而动、顺势而为，在大局下行动，不折不扣执行党中央重大决策部署并紧密结合自身实际创造性地贯彻执行。

系统谋划、整体考虑。治事必先通观全局。坚持系统思维就是要把握发展的阶段性特征和内在性联系，统筹推进创新、协调、绿色、开放、共享的发展理念，更加系统辩证地谋划工作，保障各项工作衔接有序、相互促进。必须坚持谋事布局一盘棋，处理好局部和全局、当前和长远、治标和治本、渐进和突破、重点和非重点的关系，既注重抓全面、系统、整体推进，又注重抓主要矛盾和矛盾的主要方面，实现重要领域和关键环节的突破。必须统筹发展和安全两件大事，增强机遇意识和风险意识，树立底线思维，着力固根基、扬优势、补短板、强弱项，积极主动、未雨绸缪，见微知著、防微杜渐，下好先手棋、打好主动仗，做好应对任何形式的矛盾风险挑战的准备。

统筹兼顾、协调联动。坚持系统思维，就要深刻理解、把握保证党和国家事业长治久安的政治考量、以人民为中心的根本立场，既要做到宏观把握，又要做到微观操作；既要具体问题具体分析，又要善于抽象归纳，做到前瞻性思考、全局性谋划、战略性布局、整体性推进，增强工作的前瞻性、整体性、协同性，提高工作质量。要深入贯彻新发展理念，坚持创新驱动，实现绿色发展，坚持城乡统筹，促进区域协调，推动新型工业化、信息化、城镇化、农业现代化同步，实行更高水平的对外开放，实现发展质量、结构、规模、速度、效益、安全相统一。

精益求精、尽善尽美。从古至今，大凡功勋卓著者，多是勤奋务实、追求完美之人。当前，党和国家各方面工作越来越专业化、专门化、精细化，国家治理能力既体现在我们把方向、谋大局、定政策、促改革的综合能力上，也体现在我们处理各方面事情和每项工作的具体本领上。领导干部做工作，要把总体工作布局和精细安排紧密结合起来，不弃微末，不舍寸功，把抓落实作为开展工作的主要方式，下足绣花功夫抓落实，从精细处入手，解决好群众的操心事、烦心事、揪心事，做好每一项平凡细致的工作，一步一个脚印地把各项任务完成好，推动党中央方针政策和决策部署落地生根。

68 从宏观全局精准洞察世间百态，从细枝末节敏锐发现具体问题

当今世界正经历百年未有之大变局，我们正处在大发展、大变革的时代，国内外形势日趋复杂、各种社会矛盾不断凸显，各

个领域面临的风险挑战越来越复杂，要求领导干部增强战略思维能力，增强忧患意识，做到居安思危，育先机、开新局，推进社会主义现代化，实现中华民族的伟大复兴。领导干部只有增强世界眼光、历史眼光，以开阔的视野、博大的胸襟、敏锐的观察、深邃的思考，不断提高政治判断力、政治领悟力、政治执行力，才能高瞻远瞩、审时度势、总揽全局、深谋远虑，以识变之智、应变之方、求变之勇，牢牢把握工作主动权，不断开创发展新局面。

大处着眼，小处着手。"不谋全局者、不足以谋一域，不谋长远者、不足以谋一时"，"运筹帷幄之中，决胜千里之外"。实现中华民族伟大复兴，是旷古未有的全新事业、全新探索、全新实践，是充分展示人类雄心壮志和政治智慧的伟大创举。"船到中流浪更急，人到半山路更陡。"要确保民族复兴大业能够逢山开路、遇水架桥，需要领导干部胸怀"两个大局"，心怀"国之大者"，将自身工作放到全局中去谋划、去推进，从而发现机遇，找到结合点，打开新天地。世界上唯一不变的就是永远在变，没有危机就是最大的危机。要放宽眼界，居安思危，勇于变革，敢于创新，切忌坐井观天。对各种可能出现的风险和原因都要心中有数、对症下药、及时出手，力争把风险化解在源头，不让小风险演化为大风险。

以小窥大，见微知著。只有通过个别的细微的迹象，小中见大，以小见大，才能看到整个形势的发展趋向与结果。风险并不可怕，可怕的是没有风险意识。习近平总书记指出，要常观大势、常思大局，科学预见形势发展走势和隐藏其中的风险挑战，做到未雨绸缪、消祸于未萌，避免马失前蹄、大意失荆州。领导干部要有草摇叶响知鹿过、松风一起知虎来、一叶易色而知天下秋的见微知著能力，见事早、行动快，不能当马后炮、做事后诸葛亮。领导干部只有善于把握事物的发展规律，在局部与整体、内部与外部、现在与未来等普遍的联系中思考工作，从现象揭示本质，从局部把握全局，从当前看长远，从被动变主动，既高度警惕"黑天鹅"事件，又防范"灰犀牛"事件，才能不断增强工作的主动性、前瞻性和创造性。

69 把握战略重点，才能牵一发而动全身；找准主攻方向，才能一子落而满盘活

习近平总书记指出："进入新发展阶段，贯彻新发展理念，构建新发展格局，需要解决的问题会越来越多样、越来越复杂。"随着科技快速发展和社会不断进步，各项事业的发展具有越来越强的综合性、动态性和系统性，这突出表现在空间范围越来越大、速度变化越来越快、层次结构越来越复杂、结果和影响越来越广泛和深远。随之而来的是，领导工作变得千头万绪、错综复杂。领导干部更要善于谋全局、顾长远、抓根本，学会"十个指头弹钢琴"，区分轻重缓急，整体推进、重点突破，提高工作质量和效率，掌握领导工作的主动权。

分清主次，突出重点。突出重点抓工作是领导干部的重要成事之道。所谓重点，就是重要之事情、中心之工作、突出之问题、关键之方面，是全局工作中的制高点、突破口。各个时期、各个地区、各行各业都有自己的工作重点。抓重点的目的，就是要在错综复杂的矛盾中，牵住"牛鼻子"，抓住主要矛盾，厘清工作思路，明确工作目标，按照客观规律办事，有效地解决问题。现实中，有的领导干部常感到工作任务重、头绪多，有时候顾东管不了西，忙南找不着北，摁下葫芦起来瓢，可谓整日忙忙碌碌，结果却事倍功半、效果不佳，关键就在于没有抓住重点。领导干部做工作，必须坚持两点论与重点论的有机统一，抓重点、抓根本、抓关键，使工作条理分明、有的放矢。

抓住关键，整体推进。唯物辩证法认为，随着事物的发展，主要矛盾和次要矛盾在不同的条件下是可以相互转化的。领导者是协调主体，在协调中处于主动的、中心的位置。协调是积极的平衡。领导干部应通过统筹协调，化解矛盾、调节关系、平衡利益，使组织所处的内部诸要素和外部环境要素之间相互协调、密切配合，共同完成目标任务。在抓具体工作时，应根据轻重缓急依次排队，有先有后、有重有轻、有急有缓，集中精力抓大事、管要事、办难事，善于处理中心工作和其他工作的平衡协调，使之有节奏、有规律地运转。解决问题要反对"一刀切""一风吹"，切忌平均用力、顾此失彼。不能一提抓重点，就搞"单打一"，忽视全面，不顾整体；一提全面发展，就平均用力，全线平推。如果做不好平衡协调工作，只看到眼前，看不到长远，只注重局部利益,而忽视全局利益,就会对工作的整体性和连续性造成重大的影响。

70 既要抓主流,又要注意支流;既要突出重点,又要照顾一般;既要树立典型,又要带动面上

习近平总书记指出,现在的领导干部中不少人受过专业训练,不缺乏专门知识,但其中的很多人不懂哲学,不善于辩证思考,很需要在思想方法和工作方法上提高一步。新时代领导干部要坚持全面、历史、辩证的立场和方法,抓住事物内在、本质、必然的联系,分清主流与支流、现象与本质、局部与全局、静态与发展、历史与现状、数量与质量,克服片面性、盲目性,提高分析问题、解决问题的能力。

分清主流支流,认清大局大势。"天下,势而已矣","善战者,求之于势"。当前,我国正处于历史发展的重要时期,经济体制深刻变革、社会结构深刻变动、利益格局深刻调整、思想观念深刻变化。主流与支流、现象和本质、特殊与普遍,呈现出复杂而微妙的变化。社会现象的纷繁复杂,往往影响我们获得正确的认识。领导干部对客观形势有一个清醒的、正确的估计,分清主流与支流,正确认识新的国情、世情以及当代的社会发展大势,在想问题、办事情时才能"不畏浮云遮望眼",透过现象看本质、把握矛盾抓重点,划清是非界限、澄清模糊认识。要把握好事物的本质和变化走向,

对潜在的风险挑战有科学预判,及时采取化危为机的有效应对之策。对人对事应坚持实事求是地看待、分析和评价,不以偏概全,不舍本逐末,不主观臆断。

区分重点一般,抓重点带一般。抓大事,善于把握主要矛盾和矛盾的主要方面。"举网以纲,千目皆张;振裘持领,万毛自整。"领导工作千头万绪、复杂繁重,必须把握先后主次,分清轻重缓急,把准对全局影响最大、最有决定意义的关键问题,牵住"牛鼻子"、学会"弹钢琴"、找准"金钥匙",精准发力、持续攻关、务求实效。要把主要精力放在抓战略问题、全局指导、宏观决策上,善于从根本的、关键的、主要的环节着手,以重点突破带动整体跃升。当然,抓大事与抓具体并不矛盾,关键在于搞好统筹兼顾和平衡协调,既善于抓大放小、以大兼小,又注重以小带大、小中见大,通过解决一个个实际问题,推进一项项具体工作,为实现全局目标任务创造有利条件。

典型引路,以点带面。选择试点积极探索,以点带面、层层推进,示范带动,是行之有效的工作方法、积极稳妥的改革路径。习近平总书记指出:"摸着石头过河就是摸规律,从实践中获得真知。"回顾我国改革开放的辉煌历程,没有一边摸索一边改革、一边改革一边摸索的螺旋式上升、波浪式前进,就不可能准确把握发展中的客观规律,不可能有改革创新的成果。榜样是看得见的哲理。善于抓典型,让典型引路和指导工作,历来是我们党重要的工作方法。要善于发掘立得住、叫得响、群众公认的先进典型,将好经验、好做法推而广之,并上升为规范性、制度性的措施规定,发挥正面典型的辐射力。还要敢于抓反面典型，让党员干部群众从中吸取教训、引以为戒。

71 用好"破"与"立"的辩证法，用好"加"与"减"的运算法，用好"上"与"下"的统筹法

中国特色社会主义进入新时代，改革进入了攻坚期、深水区，所面对的问题的复杂性、艰巨性、敏感性前所未有，一着不慎有可能满盘皆输。领导干部必须坚持稳中求进的工作总基调，掌握正确方法论，统筹谋划、有序推进改革、发展、稳定各项工作，把握好新与旧、破与立、废与建、动与静、快与慢的均衡和力度，处理好战略和战术、政策和策略、节奏和分寸、手段和技巧等关系。

有破有立，破立结合。"破"与"立"构成事物对立统一的两个方面，是事物发展的基本规律。在改革实践中，既要先立后破，又要立中有破，把改革可能引起的社会震动减小到最低程度。要敢改，敢于动真碰硬、动刀亮剑，敢于破坚冰、涉险滩，敢于冲破思想观念障碍、打破利益固化藩篱，敢于向积存多年的顽瘴痼疾开刀；要善改，坚持正确的方法论，从纷繁复杂的事物表象中把准改革脉搏，把握全面深化改革的内在规律，既注重改革的系统性、整体性、协同性，做好顶层设计，又注重分阶段、有步骤地规划和实施，把重点突破、试点示范和统筹推进有机结合。要坚持疏堵结合、破立并举，既当改革的促进派，又当改革的实干家，扭住关

键、精准发力，真正通过改革推动经济发展、社会进步和治理能力提升。

有加有减，有所为有所不为。"水满则溢，月满则亏。"做人做事做官要懂得做好加减法，做官知足、做人知不足、做事不知足，才会不折腾、不陶醉、不停步，轻装上阵、一往无前，走出自我的小天地，领悟人生的大境界。全面深化改革是一项系统工程，是在新的历史条件下进行的一场新的伟大革命。要坚持两点论与重点论的统一，既要统筹兼顾，又要善于牵"牛鼻子"，找准解决问题的关键节点加以突破。领导干部必须顺应时代大潮，顺应实践发展的变化要求，顺应人民群众的新期待，坚决地、不失时机地大胆改革。同时，也必须清楚地认识到，改革是有特定内涵和质的规定性的。正如习近平总书记所指出的："有些不能改的，再过多长时间也是不改。"既不能走封闭僵化的老路，也不能走改旗易帜的邪路。要正确把握重点与全面的辩证关系，做到统筹兼顾；正确把握一般与特殊的辩证关系，做到协调配合；正确把握破与立的辩证关系，做到守正出新。

有上有下，进退自如。民间有一句谚语："日月有常，星辰有行，四时从经。"就是说，天地万物皆有道，世事有道，取舍有道。"度"是衡量一切情感与理智的标准。要想到达希冀的终点，就必须进退自如，张弛有度，冷静而不妄动，到位而不越界。否则，就很可能过犹不及，陷入物极必反的桎梏之境。进退之据，取舍之道，道义为先，格局为要。曾国藩说："谋大事者，首重格局。"棋局对弈，有人在排阵布局上动脑，有人在吃子丢子上计较，这便是格局，高下立现。古人云："大智知止，小智唯谋。"即在利益面前要保持敬畏和警醒。平凡是生活的本色，不凡是生命的追求。作为领导干部，对待能力要有危机感，对待职务要有满足感，把工作留给自己，把升迁交给组织，正确对待个人的进退留转。要安清贫，乐正道，练就金刚不坏之身。

72 成大功者，不顾小嫌；建远略者，不期近效

习近平总书记指出，领导干部要"增强世界眼光、历史眼光，提高观大势、定大局、谋大事的能力"。当前，我国正处在百年未有之大变局，正在进行具有许多新的历史特点的伟大斗争，而且日益走近世界舞台中央、不断为人类作出更大贡献。正所谓"不谋全局者，不足以谋一域"，领导干部只有对大局大事、全局工作了然于胸，善于登高望远，学会"仰望星空"，懂得看"桅杆"，善于从现象看本质、从苗头倾向看发展走向，才能"不畏浮云遮望眼"，廓清各种迷雾、厘清各种头绪。

欲做大事者，不为琐事所羁。古人云："将治大者不治小，成大功者不小苟。"问题有大小，矛盾有主次，把准事物发展的主要矛盾和矛盾的主要方面，才能产生"牵一发而动全身"的效益，才能取得"一子落而满盘活"的效果。面对新形势新要求，有的领导干部囿于固有工作模式和惯性思维，大事小事都要管、眉毛胡子一把抓，陷入事务主义，看似忙忙碌碌，上下都很

疲惫，成效却不明显。领导工作千头万绪、复杂繁重，必须把主要精力放在抓战略问题、全局指导、宏观决策上，善于从根本的、关键的、主要的环节着手，把握先后主次，分清轻重缓急，把准对全局影响最大、最有决定意义的关键问题，牵住"牛鼻子"、学会"弹钢琴"、找准"金钥匙"，精准发力、持续攻关、务求实效。特别是在面对重大风险挑战、重大困难考验、重大矛盾问题时。

欲谋大业者，不为眼前之利所困。古语有言，鱼和熊掌不可兼得。但凡成大事者，必定有大目标，不会短视近利，被一些微不足道的小事干扰。每个人都有自己想做的事，有的人会列出一个长长的清单，写明自己未来要达到的目标，但是想做的事太多，反而不知该从哪个地方入手；又或者三天打鱼，两天晒网，今天做这个明天做那个，小目标没完成，大目标做不到，到最后白白浪费了时间。只有把眼光放长远，认准目标、抵住诱惑，才能成就大事。若是什么都想做，事事想插手，只会捡了芝麻，丢了西瓜，到最后得不偿失。这个典故告诉我们，做任何事情都一定要专心，不要被眼前的利益迷惑了双眼，不要在琐事上浪费时间，不要在乎别人的闲言碎语，不要因小失大，这样才能成就大业。领导干部想问题、作决策，首先要有战略眼光，看得远、想得深，一定要对"国之大者"心中有数，以"功成不必在我"的精神境界和"功成必定有我"的历史担当，既做显功，也做潜功；既做让老百姓看得见、摸得着、得实惠的实事，也要做为后人作铺垫、打基础、利长远的好事。

73 同时追赶两只兔子，将会一无所获

习近平总书记指出："凡是成功的企业，要攀登到事业顶峰，都要靠心无旁骛攻主业。"古人云："人之才，成于专而毁于杂。"做企业如此，做官亦如此。"书痴者文必工，艺痴者技必良。"志坚方能心定，神聚容易事成。领导工作是一门艺术，也是复杂的专业，只有心无旁骛，才能掌握它、精通它。

目不能两视，耳不能两听。鱼与熊掌不可兼得，二者只能取其一。一心不能二用，选择了就不要朝三暮四，吃着碗里的看着锅里的。古人云："心心在一艺，其艺必工；心心在一职，其职必举。"目标专一、术业专攻、心无旁骛，一心向着目标前进的人，整个世界都会给他让路。南仁东专注于技术攻关，潜心磨剑22年，最终率团队打造出世界最大、最灵敏的单口径射电望远镜；黄旭华一心一意专注科研，铁杵成针30年，最终与同事共同努力让中国成为世界上第五个拥有核潜艇的国家。俗话说，绳锯木断，水滴石穿。专注是一种做事态度和行为习惯，是我们成就事业的重要保证。有了专注的心态和习惯，一件事、一份工作、一个目标、一项事业，便获得了一步步前进的持续性内动力。领导干部只有耐得住寂寞、经得起诱惑、守得住清贫，敢坐"冷板凳"甘坐"冷板凳"，心无旁骛地干事创业，才能把板凳坐热，创造出不平凡的业绩。

干好主业是天职，干不好主业是失职。《关尹子·九药》云："人不明于急务，而从事于多务、他务、奇务者，穷困灾厄及之。"说的是不专注主业，迟早会遇到穷困和灾难。现实中，少数领导干

部看似忙忙碌碌，实则整天为事务主义、文牍主义所累，没有把时间、心思、精力用在干事创业上。事实证明，领导干部心思游移、兴趣外移、精力转移，丢掉主业搞副业，舍弃急务做虚功，就会对党和人民事业造成巨大损害。毛泽东同志指出："在任何一个地区内，不能同时有许多中心工作。"领导工作千头万绪、形势千变万化，但无论环境如何变化、岗位如何变换，都不可"身在曹营心在汉"、贪大求全，必须凝神聚气、专注本职，不以一时之得而得意忘形，不因一时之失而懈怠彷徨，坚持干一行爱一行、钻一行精一行，全力以赴把"责任田"种成"示范田"。

74 打得一拳开，免得百拳来

1950年，朝鲜内战爆发，美国入侵朝鲜，同时派第七舰队入侵台湾海峡。新生的中华人民共和国遭到严重安全威胁。党中央作出了"抗美援朝，保家卫国"的战略决策，毛泽东同志提出了"打得一拳开，免得百拳来"著名论断，意思就是在弱势条件下强势反击打走敌人确保国家安全，集中优势兵力重点突破僵局，如果我方的攻击手段给对方构成了真正的威胁，就会产生震慑作用，引起对方重视，使其不敢轻易回击。落实在工作中就是要主动作为，化被动局面为主动优势，从被动地被工作推着走逐步变为主动地推着工作走，掌握主动权。

凡行公事，均须深谋远虑。 善谋者胜，善决者赢。作出"抗美援朝,保家卫国"的战略决策,体现了中国共产党不畏强敌、敢于亮剑、敢于胜利的无畏胆略和非凡气魄。《孙子兵法》云:"夫未战而庙算胜者,得算多也;未战而庙算不胜者,得算少也;多算胜少算,而况于无算乎?"审时度势,是战略决策的基本要求。在《论持久战》中,毛泽东同志指出:"优势而无准备,不是真正的优势,也没有主动。懂得这一点,劣势而有准备之军,常可对敌举行不意的攻势,把优势者打败。"谋划和决策是保证事物沿着"胜"和"赢"的方向发展的基础,谋划是决策的前提,决策是谋划的延续。只有抓住关键"谋",才能找准"一拳"打在哪儿;只有及时果断"决",才能当机立断精准打击。每逢大事有静气,领导干部要把谋划、决策看作一个系统,既注重部分,又注重整体;既注重内在因素,又注重外部环境,参在点子上、谋在关键处,当机立断,正确决策。

形势越严峻,越要把握主动。1950年,毛泽东同志同周世钊谈到朝鲜局势时指出:"我们急切需要和平建设,如果要我写出和平建设的理由,可以写有百条千条,但这百条千条的理由不能抵住六个大字,就是'不能置之不理'。"党员干部面对困局绝对不能"置之不理",不能因有困难而不为、因有风险而躲避、因有阵痛而不前。习近平总书记曾引用"志不求易者成,事不避难者进",勉励干部要当几回"热锅上的蚂蚁",接几次"烫手山芋"。哪怕上刀山下火海,也要收住泪水、笑看过往,"咬牙"去走一遭,置之死地而后生,才能练就"大心脏"。主动出击,才能化危为机。党员干部面对困局要善于主动出击,化危为机,坚决避免表面上前进,实际中退缩,在大是大非面前要敢于亮剑出击,矛盾面前敢于迎难而

上，危机面前敢于挺身而出，歪风邪气面前敢于坚决斗争，用实干实绩回应党和人民的期许。

抓住了重点，就抓住了全局。打蛇要打七寸，牵牛要牵牛鼻子。毛泽东同志指出："研究任何过程，如果是存在着两个以上矛盾的复杂过程的话，就要用全力找出它的主要矛盾。抓住了这个主要矛盾，一切问题就迎刃而解了。"《大学》提到，"物有本末，事有终始，知所先后，则近道矣"。万事万物无不充满矛盾，其中的主要矛盾居于支配地位，把它解决好了，其余次要矛盾就迎刃而解了，这就好比"一拳"和"百拳"的关系，只要打好关键"一拳"，剩余"百拳"也就化解于无形。作为领导干部，要善于从全局观察分析问题，分清事物主次和轻重缓急，区别对待，不被复杂的环境所迷惑，集中精力解决主要矛盾，达到以点带面、事半功倍的效果。

75 乱世用重典，急病用猛药

《周礼·秋官司寇》有"刑乱国用重典"之说，"典"就是刑罚，"重典"就是较重的刑罚，"刑乱国用重典"，意思就是对处于混乱状态的国家，一定要用重法治理才能使之安定下来。党的十八大以来，以习近平同志为核心的党中央以猛药去疴、重典治乱的决心，刮骨疗毒、壮士断腕，深入推进全面从严治党，坚决把党风廉政建设和反腐败斗争进行到底。在新发展阶段，领导干部尤其需要增强重典治乱、猛药去疴的本领，只有这样才能在面对错综复杂的国际国内形势时，做到披荆斩棘，改革攻坚。

刮骨才能疗毒，去腐才能生肌。在长期执政条件下，面对各种弱化党的先进性、损害党的纯洁性的消极腐败现象，有没有强烈的自我革命精神，有没有自我净化的过硬特质，能不能坚持不懈同自身存在的问题和错误作斗争，成为决定党和国家事业兴衰成败的关键因素。孔子曾说："取法其上，得乎其中；取法其中，得乎其下。"对于较为严重的乱象，治理措施仅仅是"取法其中"的话，效果恐怕只能"得乎其下"，只有"取法其上"的重典措施，才有可能收获"得乎其中"的效果。就好比扁担由于长期重压而处于弯曲状态，虽然可以一下把它压直，可一旦松开后仍会归于弯曲，所以，要想把扁担弄直，仅仅把它压直是不行的，还要用力扳，使之向相反的方向弯曲，然后再慢慢松手，这样扁担才能变直。党员干部面对各种社会乱象，面对依然不收手、不收敛的腐败问题，面对隐形变异的官僚主义、形式主义问题，必须要下重拳、出狠招，猛药去疴。

矫枉还须过正，眼明更要手辣。习近平总书记强调："为了党和人民事业，我们的干部要敢想、敢做、敢当，做我们时代的劲草、真金。"晚清中兴名臣胡林翼讲过一段话："居今日而图治，非用霹雳手段，不能显菩萨心肠，必须辣手示惩，使知畏法。""辣"就是坚决、果断，关键时刻敢出手、敢拍板、敢下决策。将军必须善断，成熟的领导者一定具有"辣"的品质。面对棘手问题、面临困境矛盾要当机立断，不可迟疑，要有硬的心肠、辣的手段，主动跳出"舒适区"，不惧怕面临的风险和困难，不断突破，以"明知山有虎，偏向虎山行"的劲头，敢于探盲区，在摸爬滚打中增长治

"乱世"、疗"急病"的才干。

病来如山倒，病去如抽丝。中医治病主张辩证，对不同程度的病人施用不同的方剂，对于身患重病者，只有加大药量，才能做到药到病除，当病情逐步好转，就要不断减少用药的剂量，慢慢调理康复。治党治国与治病一样，对于长期存在的乱象，重典治乱、猛药去疴后，还需举一反三、标本兼治，查漏补缺、防范风险，健全完善规章制度，形成长效机制。面对全面从严治党中存在的顽瘴痼疾，领导干部要发扬钉钉子精神，一锤接着一锤敲，一锤比一锤更深入，接续用力，久久为功，使人民群众看到全党根治弊病的坚定态度，感受到真实变化，获得实实在在的利益。

76 亡羊补牢是权宜之计，未雨绸缪有百年之功

"亡羊补牢，犹未为晚"典出《战国策·楚策四》，告诫人们出现问题或疏漏后，尽快采取措施补救，可免遭更大损失，但亡羊补牢是一种被动无奈的选择，不能总等"亡羊"之后再"补牢"。"未雨绸缪"出自《诗经·豳风·鸱鸮》，比喻事先做好准备工作，预防意外的事情发生，是一种积极主动的深谋远虑，这种先知先觉，有助于下好先手棋，占得主动、抢得先机。党员干部要把眼光放远、视野放宽，把问题想在前面、功夫用在平时，与其亡羊补牢不如未雨绸缪。

凡事预则立，不预则废。古人云："备豫不虞，为国常道。"

习近平总书记指出:"随着我国社会主要矛盾变化和国际力量对比深刻调整,必须增强忧患意识、坚持底线思维,随时准备应对更加复杂困难的局面。"《管子·乘马》中有言,"事者,生于虑,成于务,失于傲",面对百年未有之大变局,各类风险矛盾交织,领导干部要用深谋远虑的眼光、真抓实干的精神和自我警醒的忧患意识来干事创业,不能骄傲自满、故步自封,要少图眼前利,多谋长远计。要科学预见形势发展的未来走势,以及蕴藏其中的机遇和挑战、有利因素和不利因素,准确识变、科学应变、主动求变,洞察先机、趋利避害,增强预见、加强预判、做强预案。

安不忘危,盛必虑衰。习近平总书记指出:"要强化风险意识,常观大势、常思大局,科学预见形势发展走势和隐藏其中的风险挑战,做到未雨绸缪。"干部的谋划能力,事关工作的计划性、预见性,事关落实的主动性、实效性,站得高、想得深、看得远,善于把握规律,顺应大势,谋定而后动,方能运筹帷幄,避免亡羊补牢的局面。如果面对风险挑战和各种不稳定不确定因素,思想懒惰、目光短浅,胸中无韬略、手中无办法,采取见子打子、头痛医头脚痛医脚的策略,很容易出现被问题牵着鼻子走的被动局面,陷入亡羊补牢的死循环。

明者防祸于未萌,智者图患于将来。底线思维是一种立足危局争取胜利的思维。马克思指出,问题是时代的声音,重要的困难不是答案,而是问题。统筹发展和安全,增强忧患意识,做到居安思危,是我们党治国理政的一个重大原则。习近平总书记指出:"当前和今后一个时期是我国各类矛盾和风险易发期,各种可以预见和难以预见的风险因素明显增多。我们必须坚持统筹发展和安全，增强机遇意识和风险意识，树立底线思维，把困难估计得更充分一些，把风险思考得更深入一些，注重堵漏洞、强弱项，下好先手棋、打好主动仗，有效防范化解各类风险挑战，确保社会主义现代化事业顺利推进。"面对前进道路上的各种风险挑战，领导干部既要高度警惕"黑天鹅"事件，也要防范"灰犀牛"事件；既要有防范风险的先手，也要有应对和化解风险挑战的高招；既要打好防范和抵御风险的有准备之战，也要打好化险为夷、转危为机的战略主动战。

77 小智治事，中智治人，大智立法

习近平总书记指出，小智治事、中智治人、大智立法。治理一个国家、一个社会，关键是要立规矩、讲规矩、守规矩。法律是治国理政最大最重要的规矩。广大党员干部是全面推进依法治国的重要组织者、推动者、实践者，不论是在制定法律、政策、制度时，还是在执行法律、行使权力过程中，都要牢固树立法治思维、法治意识，不断提高运用法治思维和法治方式深化改革、推动发展、化解矛盾、维护稳定、应对风险的能力。

经国序民，正其制度。党的十八大以来，以习近平同志为核心的党中央把制度建设摆到更加突出的位置。习近平总书记指出："真正实现社会和谐稳定、国家长治久安，还是要靠制度，靠我们在国家治理上的高超能力，靠高素质干部队伍。我们要更好发挥中国特

色社会主义制度的优越性，必须从各个领域推进国家治理体系和治理能力现代化。""今天，摆在我们面前的一项重大历史任务，就是推动中国特色社会主义制度更加成熟更加定型，为党和国家事业发展、为人民幸福安康、为社会和谐稳定、为国家长治久安提供一整套更完备、更稳定、更管用的制度体系。"天下之势不盛则衰，天下之治不进则退。我们要打赢防范化解重大风险攻坚战，必须坚持和完善中国特色社会主义制度、推进国家治理体系和治理能力现代化，运用制度威力应对风险挑战的冲击。领导干部要切实强化制度意识，带头维护制度权威，做制度执行的表率，充分发挥制度指引方向、规范行为、提高效率、维护稳定、防范化解风险的重要作用。

法有权威则治，法无权威则乱。法律是治国之重器，董必武同志说："有法必然治国，无法必然乱国；法有权威则治，法无权威则乱。"《墨子·法仪》中写道："天下从事者，不可以无法仪，无法仪而其事能成者无有也。"良好的法治建设是国家的需求，是人民的呼唤，是一切秩序的源泉，是治国的根本。习近平总书记强调："各级领导干部在推进依法治国方面肩负着重要责任，全面依法治国必须抓住领导干部这个'关键少数'。"领导干部要树立法律权威意识，充分认识全面依法治国的重要意义，强化法治思维，把"法"的种子种在心底，善于运用法治思维和法治方式开展工作、解决问题、优化服务、狠抓落实、推动发展，推动法律权威得到普遍遵守和广泛认同。

法之必行，行之必果。习近平总书记强调："现在，我们有法规制度不够健全、不够完善的问题，但更值得注意的是已有的法规

制度并没有得到严格执行。"明代张居正也有言:"盖天下之事,不难于立法,而难于法之必行。"《潜夫论》中写道:"法令行则国治,法令弛则国乱。"提升法治素养是领导干部的必修课,务必保持敬畏法纪、敬畏职责的心态,带头遵纪守法,始终坚持依法行政、依法管理、依法办事,坚守"法"与"权"的底线,努力做到"官不私亲,法不遗爱,上下无事,唯法所在",用实际行动推动法规制度有效执行。

78 调查研究是领导干部的基本功,是推进发展的基本功,是破解难题的基本功

习近平总书记指出:"调查研究是谋事之基、成事之道,没有调查,就没有发言权,更没有决策权。"调查研究是我们党的优良传统,是帮助我们透过现象看本质、寻求解题之道的重要方法,是谋划工作、科学决策的重要依据。一个人阅历再丰富、资讯再发达,也替代不了深入实际、替代不了与人民群众面对面接触;只有亲自察看、亲身体验,才能发现许多看不到、听不到、想不到的新情况,才能把准群众的脉搏、体察群众的期盼。

调查研究是为政之要、成事之基。《论衡·别通》曰:"涉浅水者见虾,其颇深者察鱼鳖,其尤甚者观蛟龙。"调查研究,是对客观实际情况的调查了解和分析研究,目的是把事情的真相和全貌调查清楚,把问题的本质和规律把握准确,把解决问题的思路和对策

研究透彻。中国特色社会主义进入新时代，展现出美好前景，但要实现新时代党的奋斗目标，仍然需要付出艰苦努力。党员、干部更好履行职责、承担使命，必须大兴调查研究之风，在调查研究中发现问题、解决问题。回望党的历史，什么时候重视调查研究，坚持一切从实际出发，党和人民事业就蒸蒸日上；什么时候忽视调查研究，主观认识脱离客观实际，党和人民事业就会遭受挫折。领导干部必须坚持深入基层、深入群众、深入实际，听真话、查实情、取真经，练好调查研究这一基本功。

没有调查就没有发言权。习近平总书记一直高度重视调查研究，强调"要在全党大兴调查研究之风，推动全党崇尚实干、力戒空谈、精准发力"，要求调查研究时"'身入'更要'心至'"。领导干部要更好履行职责、开展工作，不仅要作调查研究，而且要善于作正确的调查研究。当前，领导干部下基层调研的意识强了、频率高了，但也出现了一些形式主义的苗头，走马观花、漫无目的，搞走秀式调研，甚至为了调研而调研。领导干部作正确的调查研究，就要用更多的时间蹲在基层、深入一线，用更多的精力解剖麻雀、了解实情，经常听取各方面意见尤其是基层群众意见，既听顺耳话、也听逆耳言，既总结先进经验、也研究突出问题。通过"交换、比较、反复"，真正把情况弄清、把症结找准、把思路理顺、把工作抓实。

调查研究就是为了解决问题。1930年，毛泽东同志在《反对本本主义》一文中指出："调查就像'十月怀胎'，解决问题就像'一朝分娩'。调查就是解决问题。"调查研究的目的是解决问题、化解矛盾，因此必须强化问题意识、坚持问题导向。做好调查研究工作既要重调查、又要重研究，二者缺一不可。调查要广泛搜集第一手材料，研究则要通过对材料进行分析、综合、比较、概括和判断，形成理性认识。只有对问题涉及的各个方面进行全面深入调查，开展去粗取精、去伪存真，由此及彼、由表及里的剖析，分清现象与本质、主流与支流、成绩与缺点、主要矛盾与次要矛盾，进而发现事物的内在联系和本质特征，提炼出规律性认识，才能找出问题症结、开出管用良方，让改革发展稳定各项任务落下去，让惠及百姓的各项工作实起来，推动党中央大政方针和决策部署在基层落地生根、开花结果。

79 没有思想的先导，行动就无法跟进；没有思想上的破冰，行动上就难以突围

"想"和"做"是人认识和改造世界的两项基本活动，对应的是"思想"和"行动"。马克思主义哲学认为，人的主观能动性是通过"想"和"做"来实现的，从而使人类社会逐步从自然界中相对分化出来，推动历史的坐标从"自然史"逐步走向"人类史"。可以说，人类之所以区别于其他一般动物，本质就在于人的"思想"和"行动"。

思为行之始。拿破仑说："世上有两种力量：利剑和思想。从长而论，利剑总是败在思想手下。"思想可以开拓认知的边界，可

以影响历史的走向，更可以引领未来的发展。纵观古今中外历史，一个国家、一个民族、一个文明，每每来到重大变革、重大跨越的历史关口，都离不开先进思想的驱动和指引。1978年5月11日，时任南京大学哲学系青年教师胡福明，以共产党员的巨大勇气和知识分子的强烈担当，勇开先河，冲破禁锢，发表了著名的《实践是检验真理的唯一标准》。这篇文章犹如一声"春雷"，炸响了万马齐喑的理论界。在邓小平同志支持下，全国范围内迅速掀起一场关于真理标准问题的大讨论，拉开了解放思想的序幕，为即将到来的改革开放准备了思想基础，深刻影响了现代中国的历史进程。

思为行之基。思想不是脱离实际的幻想，而是在占有大量的事实材料，深刻认识和总结客观规律的基础上，从理论和知识转化而来的方法论，是指导行动的总开关和驱动器。东汉末年，群雄并起，刘备早早就举起"匡扶汉室"的大旗，率先入场意图逐鹿中原。但最初刘备集团的活动并不顺利，由于始终无法解决根据地问题，只得颠沛流离，四处寄人篱下。直到"三顾茅庐"，诸葛亮为其量身定制了"隆中对"，刘备集团才终于明确了前进方向，确定了占据荆州、夺取益州的行动纲领。试想，如果没有"隆中对"的深远思虑，恐怕所谓"汉室宗亲"最终也难逃泯然众人的命运，"还于旧都"最终难免湮没无闻的结局。可见，正是诸葛亮基于时局大势所提炼的正确思想指引，让刘备集团找到了出路和方向。

思为做之要。诗人艾青说："梦里走了许多路，醒来还是在床上。"思想的伟力最终要靠实践来承载。行动是思想的目的，思想是为行动服务的，如果思想无法落实到行动上，再光辉的思想都会

沦为空想，变成毫无意义的空中楼阁。古人贵"三思而后行"，就是强调要反复思量，想好要干什么、先干什么、后干什么、干的过程中容易出现哪些问题、干完之后将产生怎样的后果，从而形成足以指导实践的完备思路。如此，不仅能够事半功倍，更能极大地消解执行过程中的风险。在红军长征时期，毛泽东同志深思熟虑、因势利导，四渡赤水、屡出奇兵，带领3万红军成功跳出包围圈，硬是把"死局"走活了，在世界战争史上留下了"神来一笔"。反观蒋介石，尽管手握40万重兵，并亲自坐镇贵阳督战，但一路围追堵截，始终慢我军一步。如今再复盘这场两军统帅之间的"心智"对决，正可谓："思"不深，则"行"无效，是故"事"不成矣。

80　从改革上找出路，在创新上想办法；改革创新是人类文明的刻度

习近平总书记强调："惟改革者进，惟创新者强，惟改革创新者胜。"这一论断洞察历史机杼、解明发展进路、富于辩证哲理，振聋发聩，引人深思。回顾过去，中华民族上下五千年的筚路蓝缕，始终与变革维新的脉络相生相伴；展望未来，中华民族伟大复兴的栉风沐雨，也必然要沿着改革创新的路子奔涌向前。这就要求我们的干部必须时刻保持清醒的头脑，既要认准改革的方向，更要拿准创新的良方。

解放思想，是改革创新的先决条件。老办法解决不了新问题，

毛泽东同志曾告诫全党，"脑子一固定，就很危险"。在实际工作中，往往每处"山重水复疑无路"的焦头烂额与"柳暗花明又一村"的豁然开朗之间，缺少的正是跳出思维局限的"临门一脚"。战国时期，商鞅在秦国推行新法，他大胆提出"治世不一道，便国不必法古"，施行了废井田、开阡陌、重农桑、奖军功、统一度量衡和建立县制等一整套变法求新的发展策略，秦国由此强盛。如今，面对波谲云诡的世界局势、复杂敏感的国际竞争、日益增长的群众期盼，我们要继续开顶风船、走上坡路，要突破思想固化的藩篱，跳出条条框框的限制，克服利益掣肘，从而"思路一变天地宽"。

敢为人先，是改革创新的内在气质。北宋名臣王安石有言，"因循苟且逸豫而无为，可以侥幸一时，而不可以旷日持久"。敢为人先是干部的基本素质，体现着干部的胸怀、勇气和格调。试想，如果一个干部干了若干年还是"涛声依旧""也无风雨也无晴"，一个地区、一个单位没有发生新的变化，面临的问题和困难还是一大堆，这样的干部与南郭先生何异？职务不是享受，不是炫耀，更不是待遇，而是一份沉甸甸的责任。党和人民把我们放在领导岗位上，是给我们为党尽忠、为国尽职、为民尽责的机会，要的是我们发挥才智、施展才干，求新求变、造福一方，而不是碌碌无为、坐观成败、尸位素餐。须知，干部之所以为干部，就是"干"字当头，敢拼敢闯，敢想敢干，敢为天下先，敢做第一个吃螃蟹的人。

攻坚克难，是改革创新的必然落点。从家庭联产承包责任制到脱贫攻坚全面胜利，从兴办经济特区到设立自由贸易试验区，从"先污染后治理"到"既要绿水青山又要金山银山"，党带领全国各族人民锐意改革创新的鲜活事例,都已经镌刻在中华人民共和国的丰碑上了。但我们也必须深刻认识到,改革创新虽已经走过千山万水,但仍需跋山涉水。我们现在正处在一个船到中流浪更急、人到半山路更陡的时刻,正如习近平总书记所说:"容易的、皆大欢喜的改革已经完成了,好吃的肉都吃掉了,剩下的都是难啃的硬骨头。"改革只有进行时,没有完成时。随着改革创新的不断推进,对利益关系的触及将越来越深,这更加需要我们增强攻坚克难的勇气和定力,对看准了的事情,鼓足勇气、锐意进取,拥护改革,带头创新,要坚定不移地用改革的视角、创新的思维,去迎接未来的一道道坎、闯过挑战的一道道关口。

81 革故鼎新,才知前路多艰;求新求变,方能化危为机

"芳林新叶催陈叶,流水前波让后波。"马克思主义唯物论告诉我们,运动是绝对的、无条件的,一切事物都处于不断的变化发展之中;同时,马克思主义辩证法告诉我们,发展的实质是新事物的产生和旧事物的灭亡,新事物必然取代旧事物。纵观历史长河,变法图存是历史的常态,我国先人早在《周易》中就留下了"穷则变,变则通,通则久"的智慧。举目未来进路,习近平总书记深刻警示全党:"如果我们不识变、不应变、不求变,就可能陷入战略被动,错失发展机遇,甚至错过整整一个时代。"所以,我们不论是想问题、办事情,还是抓工作、促发展,都必须坚持运动的观点,既要

见一时一事，又要知全局全貌，方能不断"扬弃"，与时俱进。

不念过往，做革故鼎新的急先锋。《韩非子》中有一则"郑人买履"的故事，讲的是有一个郑国人想去买鞋子，就事先量好自己脚的尺码。结果去赶集时忘了带，于是又赶回家中拿尺码，再返回集市时，集市已经散了，最终没有买到鞋子。后来，人们常常用这则故事来形容一些墨守成规、固守旧法的行为。无独有偶，清朝长期以来固守"祖宗之法"，施"闭关锁国"之策，使得中国远远落后于时代。可见，小到个人、大到国家，都必须有一股子敢于破旧立新、革故鼎新的劲头。这就警醒我们，决不能拿着过去的成绩当安慰剂，只有敢于跳出沿袭旧法的舒适圈，对不利于工作、不利于发展的问题，想方设法地去变革、去创新、去寻求破解之道，才能始终立于不败之地。正如袁隆平院士所说，"我不能躺在功劳簿上睡大觉"。党的干部更要有敢于坚决破除条条框框、思维定式束缚的能力和水平。

拥抱将来，做因变求进的开路人。2020年是人类历史上极不平凡的一年。突如其来的新冠肺炎疫情打乱了人们的生活节奏，是一次全球性的危机。但正如习近平总书记指出的，危和机总是同生并存的，克服了危即是机。在这次疫情的"危"中仍然蕴藏着巨大的"机"。比如，虽然对外贸易受到严重影响，但线上直播却异军突起，内需潜力被深度挖掘开来；又比如，人们社交距离受到限制，影响复课复工，但线上教育迅速兴起、线上办公随之流行。这充分提醒我们，"失之东隅"之后依然可以"收之桑榆"。信心不垮希望就在，斗志坚毅胜利可期。履险如夷、化危为机不可能"从天而降",靠的是党员干部准确识变、科学应变、主动求变。所以,"危"来了并不可怕,可怕的是因迷惘、悲观、无所作为,而错过了"机",我们要始终保持昂扬的斗志和清醒的头脑,推动"危机"向着"生机"不断转化。

立足当下,做实事求是的实干家。 创新是引领发展的第一动力。一个地方、一个单位要探寻发展"好路径",跑出发展"加速度",离不开创新的突破和驱动。但是,创新绝非一味求异、求新、求变,盲目创新往往容易脱离实际,反而会起到反作用。华为公司早年非常推崇"创新",在产品研发中把技术突破摆在首位,而不顾客户需求,结果在NGN交换机项目上犯了主观主义的严重错误,曾在中国电信市场上被赶出局。后来经过及时调整追赶,才终于重新获得了机会。可见,创新不是照猫画虎,不是无中生有,也不是把别人的做法拿来生搬硬套。创新要"适时而变"而不是"为变而变",一旦脱离了实事求是,盲目地为了创新而创新,不仅起不到推动发展和进步的作用,甚至会引起力量内耗,造成资源浪费。

82 该坚持时就坚持,以不变应万变;该改变时就改变,以万变应不变

从《诗经》"周虽旧邦,其命维新"的启蒙,到梁启超"变者,古今之公理也"的呼号,中华民族的血脉中似乎生来就奔腾着创新求变的因子,从来不惧怕、也从来不抗拒改变。究其原因,盖

"天下之治，有因有革，期于趋时适治而已"。当前，我们正处于一个机遇与挑战并存的关键阶段，要做到"趋时适治"，有时就需要"有因"，以不变应万变，有时又必须"有革"，以万变应不变。二者如何判别，如何取舍，又如何践行，考验的正是党员干部的政治判断力、政治领悟力和政治执行力。

察大势，于内外之中识尺寸。习近平总书记指出："领导干部要胸怀两个大局，一个是中华民族伟大复兴的战略全局，一个是世界百年未有之大变局。"放眼当今世界，国际经济、科技、文化、安全、政治等格局都在发生深刻调整，我国发展的外部环境日趋复杂。但是，中国经济"风景这边独好"的基本趋势没有变。前进道路上，我们面临的重大斗争不会少，必须毫不动摇地高举旗帜、走好道路、坚定方向、站稳立场，胸怀"国之大者"，深刻理解国内国际"两个大局"，深刻领会什么是党和国家最重要的利益、什么是最需要坚定维护的立场，才能在瞬息万变的"内""外"环境中趋利避害，牢牢抓住"变"与"不变"的尺度，始终占据战略主动。

明事理，于起伏之时知方寸。中国共产党人的奋斗史，就是一部我们党带领中国人民在错综复杂的时代变局中拨云见日、克敌制胜的历史。从革命战争年代到和平发展时期，我们党总是能够根据时代主题的转换，灵活调整工作方略，从而有力地担负起不同时期的历史使命，创造彪炳史册的人间奇迹。在这"变"与"不变"的一"起"一"伏"间，得益于我们党一以贯之地坚持把马克思主义与中国国情相结合。我们要努力掌握马克思主义这个看家本领，进一步提高运用马克思主义分析问题、解决问题的能力和水平，才能准确洞悉各项工作任务中"起"与"伏"的走向趋势，看破"乱花渐欲迷人眼"，保持"不畏浮云遮望眼"，不断增强工作的科学性、预见性、主动性和创造性。

善作为，于动静之间握分寸。《资治通鉴》记载，隋朝名臣梁彦光在任岐州刺史时，当地民风淳朴，他施以宽仁之政，深得拥戴。他转任相州后，由于忽略了"邺都杂俗，人多变诈"的实际，仍"如岐州法""以静镇之"，导致百姓"称其不能理化"，他也因此被免职。后来，梁彦光再次被起用，他主动申请再到相州任职。这次他改变方法策略，锄奸惩恶，审案断讼，普及教化，使得"人皆克励，风俗大改"。可见，"变"与"不变"不是简单粗暴的二选一，必须辩证地把握二者的"时""效""度"。既要有"踏平坎坷成大道"的豪迈胆魄，更要有"窥一斑而知全豹"的火眼金睛，方能精准锁定"变"与"不变"的边界，在当"变"时果断"动"起来，言出必行，行之必果；在需"不变"时迅速"静"下来，藏器于身，待时而动。唯有如此，才能有效应对和化解各种风险挑战，从而抢占先机、促进发展。

83 见多识广看问题才精确

发现问题、解决问题，是推动事业发展的必由之路，领导干部是否善于发现问题、解决问题，取决于有没有积累一定的学识、见识和胆识。在这其中，见识尤为关键。见识是实践中得来的知识，是一种作出识别和判断的能力，一种善于发现问题、分析问题、解决问题的本领。没有见识，学识再多，人的胸襟和眼界难免因脱离实践而受限。没有见识，胆识再大，一旦偏离科学规律就会越错越远。应对棘手问题、处理复杂矛盾，有见识是关键的能力要求。可以说，见多识广，是一名优秀领导干部的必备素质。

究天人之际，通古今之变。 一个人的见识，虽有源于天资的成分，但更多地来自后天的历练和积累，来自"读万卷书"与"行万里路"的有机结合，来自理论知识与实践经验的融会贯通。鸦片战争前后，为了解西方，抵御外来侵略，以林则徐为首的一批有志之士，冲破"贵华夏""贱夷狄"的封建思想藩篱，在举国不闻"窗外事"的封建时代，开始了"开眼看世界"的伟大探索。林则徐的思想和实践，改变了当时中国人对世界认识的无知状态，启迪了中国人向世界探索救国图存的道路，在他的引导下，中国思想文化逐步近代化。新时代，领导干部依然要时刻秉承"开眼看世界"的求新精神，善观大势、常思大局，审时度势、因势利导，抓好战略谋划，有效化解风险。同时，从个人自身的工作阅历中思考感悟，从人民群众的实践创造中总结提炼，不断强化自我修养、砥砺意志品质、提升道德情操、积聚人格力量，不断提高认识问题、分析问题、解决问题，驾驭主观和客观环境的能力。

增强"识势"之明，提高"布局"之能，掌握"干事"之道。 增长见识的目的全在于实践，见识又将在实践中得到进一步增长。习近平总书记强调："我们党领导人民干革命、搞建设、抓改革，从来都是为了解决中国的实际问题。"见多识广，不仅体现在议事决策上，也要体现在抓落实、见成效上。领导干部要做工作上的用心者和生活中的有心人，多下基层、多搞求真务实的调查研究，在贴近群众、贴近实际中把握时代发展变化的脉搏，善于透过现象看本质，学会多角度、深层次、全方位、辩证地分析研究问题。同时，把自身经历和积累转化为实践的本领，抓住问题的"牛鼻子"，找到问题的切入点，摸准推动事业发展的着力点，对症下药、化解矛盾，在实践的熔炉中，不断增长见识、淬炼自我，提升自己发现问题、分析问题、解决问题的能力。

84 越从多角度看问题，就有越多解决问题的方法

俗话说，思路决定出路。思路不同，看待问题的角度不同，应对办法自然不同，成效也就各不一样。领导干部分析把握问题，要学会从不同的角度、不同的侧面思考，这样才能更客观、更准确地认识事物本质，更有针对性地解决问题。

仁者见之谓之仁，智者见之谓之智。客观事物是复杂的、多层次的、多侧面的。所谓"横看成岭侧成峰，远近高低各不同"，相同的事物，从不同的角度观察，会有天壤之别。习近平总书记指出，要反对形而上学的思想方法，看形势做工作不能盲人摸象、坐井观天、揠苗助长、削足适履、画蛇添足；要坚持发展地而不是静止地、全面地而不是片面地、系统地而不是零散地、普遍联系地而不是单一孤立地观察事物，准确把握客观实际，真正掌握规律，妥

善处理各种重大关系。在信息化、全球化的今天，国内外各种矛盾相互交织，新问题层出不穷，如果孤立、静止、片面地看问题，必然寸步难行。领导干部思考问题、处理问题，必须坚持系统观念、系统思维，从多个角度分析问题，直击问题根源，多方面、多层次权衡利弊，运用更灵活、更全面的方法对问题进行妥善处置。

不识庐山真面目，只缘身在此山中。登山者身在庐山之中，视野为庐山的峰峦所局限，看到的只是庐山的一峰一岭一丘一壑，是局部而非全局，认知必然带有片面性。当局者迷，旁观者清，游山所见如此，观察世上事物也常如此。由于人们所处的位置不同，看问题的出发点不同，对客观事物的认识难免有一定的片面性。要认识事物的真相与全貌，必须超越狭小的范围，摆脱主观成见，跳出"此山"看"此山"。高明的棋手，始终是那个善于俯瞰整个棋局的人。领导干部遇到问题不能局限于问题的某一方面或问题本身，只有坚持全方位、多角度，用全面、历史、发展的眼光看待和分析问题，善于提出问题看问题、跳出当地看当地，把问题放到时代背景和具体环境中来综合分析，才能发现和把握事物发展规律，找到问题的本质、主流和趋势，进而寻找到解决问题的有效途径。

不为问题找借口，只为解题找办法。习近平总书记指出："在任何工作中，我们既要讲两点论，又要讲重点论，没有主次，不加区别，眉毛胡子一把抓，是做不好工作的。"现实中，有的干部遇到问题，看不到症结所在、想不到解决之法；有的分析问题，或囫囵吞枣、眉毛胡子一把抓，或片面局限、知其然不知其所以然；有的解决问题，或推动不力、久拖不决，或效果不好、事与愿违。一个根本原因就在于考虑问题不深入、不全面、不系统,没有找到科学的方法。领导干部首先不能怕问题,要树立正确的问题意识,把问题当作推动进步的好东西,遇到问题要冷静思考,开拓思维,由表及里,深入分析。其次要善于抓大事、抓关键、抓重点,善于抓主要矛盾和矛盾主要方面,不能在枝枝叶叶、零零碎碎的问题上浪费时间和精力,更要防止平均用力、不分主次一把抓。还要注重统筹兼顾,把"重点论"和"两点论"辩证统一起来,既要站在全局的高度统筹协调,又要善于抓住关键、找准重点,分清主次、厘清脉络,集中力量——破解问题。

85 要成为解决热点问题的能手、解决焦点问题的高手、解决难点问题的强手

习近平总书记强调:"我们中国共产党人干革命、搞建设、抓改革,从来都是为了解决中国的现实问题。"问题无时不在、无时不有。在各种问题中,热点问题、焦点问题、难点问题往往受群众关注度高,解决起来不容易,造成的影响比一般问题大,所以解决这些问题必然是做好工作的重中之重。领导干部抓工作,必须高度重视热点、焦点、难点问题。

领导工作就是解决问题,解决问题是领导干部的本分。 毛泽东同志曾指出:"什么叫工作,工作就是斗争。哪些地方有困难、有问题,需要我们去解决。我们是为着解决困难去工作、去斗争的。"

问题是时代的声音、实践的向导，人类认识世界、改造世界的过程，实质就是发现问题、解决问题的过程；人类历史的发展过程，也是一个不断提出问题、解决问题的过程。领导工作的目的在于推动党和人民事业不断向前发展，而不解决问题就不可能有发展。从这个意义上说，领导工作的过程就是由问题倒逼产生，又在不断解决问题中深化的过程，其实质就是解决问题。因此，领导干部担当尽责，就必须坚持强烈的问题导向，形成积极的问题意识，瞄着问题去、追着问题走、扭住问题做、揪着问题改，有什么问题就解决什么问题，什么问题突出就重点解决什么问题。

特事特办，急事急办，要事要办。习近平总书记指出："在任何工作中，我们既要讲两点论，又要讲重点论，没有主次，不加区别，眉毛胡子一把抓，是做不好工作的。"领导工作千头万绪、复杂繁重，经常遇到各种各样的问题。而问题必然有急缓之分、主次之别，该急则急该缓则缓，应该张弛有节。如果遇到热点、焦点、难点问题，就要特事特办、急事急办、要事要办、重点问题重点解决，否则就可能引发负面舆论、造成风险事故、产生巨大危害。而现实中，有的干部遇到这类问题，或搞鸵鸟政策、选择性失明，或敷衍了事、推诿扯皮、上交矛盾，或纸上谈兵、夸夸其谈，最终的结果必然是小事拖大、大事拖炸。

发现问题是水平，解决问题是本事。改革开放初期，面对日益增加的任务和挑战，陈云同志强调，"不忘记经常工作，但必须抓住中心，防止事务主义，乱无头绪"。始终头脑清醒，不陷入事务主义的泥潭，就要求领导干部必须具备敏锐的底线思维，有较强的统筹本领和解决问题的水平。领导干部要学好马克思主义哲学，认真学习马克思主义基本原理，特别是学懂弄通做实习近平新时代中国特色社会主义思想，学会和掌握马克思主义的理论认识方法和社会实践方法，自觉运用马克思主义立场、观点和方法认识问题。要积极投身实践解决问题，保持高度负责的态度和敢于斗争、善于斗争的精神，紧盯问题抓工作，积极发现问题、认真分析问题、果断解决问题，坚持共性问题和个性问题同时发力，坚持治标和治本协同推进，在解决问题中提高能力本领。要善于着眼全局看轻重，上下结合去分析，顺应变化抓重心，把主要精力倾注到事关全局性、方向性和关键性的问题上，牵住"牛鼻子"、学会"弹钢琴"、找准"金钥匙"，不断积累解决问题的经验、优化解决问题的方法。

86 主动运用大数据思维，走出不断努力却原地打转的怪圈

习近平总书记指出，善于获取数据、分析数据、运用数据，是领导干部做好工作的基本功。大数据思维，直观地讲，就是通过大数据，对与工作有关的各类数据进行综合分析，进而辅助决策的思维方式；具体讲，主要包括总体性思维、指数性思维、容错性思维、相关性思维、智能性思维等在内的科学思维方式。在信息化时代，各级领导干部只有具备大数据思维，不断提高对大数据蕴含规律的把握能力，才能更加精准科学有效地推动各项工作。

"大数据"之"大",不仅是"容量之大",而且是"价值之大"。随着信息技术和人类生产生活交汇融合,互联网快速普及,全球数据爆发式增长、海量式集聚,这样形成的大体量、大类别的数据集,就是大数据。现实中,单个数据的价值是有限的,但是如果海量的数据汇集在一起,价值就会呈指数级增长,可以描摹出事物的整体轮廓。人们通过对海量数据进行统计性搜索、比较、分类、聚类等分析,观察数据变化所反映出的事物间内在联系,就能够建立多维视角,拓展思维空间,突破思维限制,为分析新情况、迎接新挑战、破解新难题提供更加精准有效的方法手段。现代治理要有现代思维,公共服务也要有大数据思维。可以说,领导干部无论是掌握大局大势、分析综合态势、研判发展趋势,还是深化治理改革、激活治理资源、创新管理手段、提升公共服务等,具备大数据思维的能力都具有重大意义和重大价值。

拥抱大数据,不仅是为了顺应新时代,而且是为了引领新时代。毫无疑问,随着全媒体时代的到来,大数据正悄悄改变着人们认识世界的方式乃至生活、工作的行为模式,其对领导工作的影响更是全域的、深层的。领导干部要改变惯性思维方式,实现由经验型思维向基于数据支撑的科学型思维的转变,不断提升决策能力、管理效率、服务水平,就必须拥抱大数据,培养大数据思维。要增强学习的主动性,切实了解大数据技术的最新前沿动态,切实掌握大数据时代下的新工具、新技术,真正做到学大数据、懂大数据、用大数据,成为运用和发展大数据的行家里手。要注重改革创新,形成"用数据说话、用数据决策、用数据管理、用数据创新"的思维和理念，注重逻辑分析和数据决策，改变重经验轻数据、重直接数据轻关联数据和比较数据、重单一数据轻多元数据和互动数据等决策方式和思维惯性。要增强开放意识，将大数据作为开门搞决策的一个重要抓手，主动利用信息技术扩大公众参与决策的程度，增强决策的科学性，提高决策的认可度，不断推动各项工作迈上新台阶、实现新突破。

87 在总结中反思，在比较中进步

好干部是总结出来的，总结的过程，既是一个回顾过去的复盘过程，更是一个推陈出新、去粗取精的反思过程，一次总结就是一次反思，就是对工作的一次检验、对事业的一次促进，正如毛泽东同志所说，"我是靠总结经验吃饭的"。好干部也是在比较中激发出来的，比然后能知不足，知不足然后能自省，自省然后能自强，一次比较的过程，就是一次看清自己有几斤几两的过程，能够激发出不甘人后、奋勇争先的干劲。真正有本事的干部，往往都是善于总结、善于比较的人。

大总结大收获，小总结小收获。习近平总书记强调，工作中的经验是财富，工作中的教训也是财富，关键在于是否善于总结。做事不反思，难免会贰过；工作善总结，收益会良多。现实中，一些干部工作总在原地打转、能力总是没有长进，甚至在一个地方多次摔跤、反复受挫，一个很重要的原因就是不善于总结反思。进步来自总结、智慧源于反思,总结反思是前进的阶梯,也是领导干部提升能力水平的有效途径。做领导工作,只有善于总结,才能全面、系统、客观、辩证地认识工作,才能对工作得失进行去粗取精、去伪存真、总结提炼,从而增长领导智慧、丰富工作经验、提高领导水平,而且总结反思越全面、越深刻,收获也就越大。领导干部要把总结反思作为家常便饭,"吾日三省吾身",在不断地总结反思、除旧布新中拓展认识、丰富自我,让一次总结带来一次收获,不断提高领导水平。

不比不知道,一比吓一跳。现实中,一些领导干部坐井观天、自我封闭,却自我感觉良好,全然不知人外有人、天外有天,颇有些当年夜郎国君的味道。有比较才会有进步,只要一比较,往往就能够把那些自我陶醉的人拉回残酷的现实。比较有高低层次之分,低层次的比较,往往停留在"人比人,气死人"上,比来比去,只会徒增烦恼;而高层次的比较,不在于名利财富,而在于自身的修养境界,通过比较,能够帮助我们发现差距、检测到自己的不足,从而明确比学赶超的对象和方向,努力学习先进、对标先进、争当先进。人比人好做人,事比事见真章。当领导干部,就要善于进行高层次的比较,不在名利上攀比,而在能力上比较,敢于同强的比、向高的攀、与勇的争、跟快的赛,通过比较促使自己保持思想清醒、鞭策自己防止精神懈怠、敦促自己保持本领恐慌,自觉加强学习、加强实践,永不自满、永不懈怠。

88 补齐知识弱项、能力短板、经验盲区，克服本领不足、本领恐慌、本领落后

木桶原理告诉我们，一只木桶能盛多少水，并不取决于最长的那块木板，而是取决于最短的那一块，也称短板效应。差距就是潜力。既然存在知识弱项、能力短板、经验盲区，就说明还有提升的空间，经过正确认识、弥补、转化这些不足，就能克服本领不足、本领恐慌、本领落后的问题，从而把弱点弱势变为亮点优势、把不可能变为可能，发挥别样才智、创造特色亮点、干出原来没有的新业绩。

最大的危机是素质的危机，最大的挑战是能力的挑战，最大的恐慌是本领的恐慌。 习近平总书记指出，很多同志有做好工作的真诚愿望，也有干劲，但由于缺乏本领，结果是虽然做了工作，有时候也很辛苦，不是不对路子，就是事与愿违，甚至搞出一些南辕北辙的事情来。这就叫新办法不会用、老办法不管用、硬办法不敢用、软办法不顶用。对于干部来说，过人的智慧、精准的判断、高超的筹谋，来自"无一时而不学，无一事而不学"的勤奋积累，来自筚路蓝缕的艰辛探索、奋力开拓中不断的总结与学习。可以说，正是始终有那么一种本领恐慌的危机感，始终有那么一种能力不足的忧患感，共产党人才能在不同时期练就过硬的真本领，让"中国号"航船乘风破浪，一往无前。进入社会主义新时代，全面建设社会主义现代化、实现中华民族伟大复兴的中国梦，对领导干部的素质能力提出了更高的要求。少了能力本领这个"金刚钻"，干事创

业的热血再充足，也只会心有余而力不足，不仅难成事，甚至还会坏事。欲戴其冠，必承其重。领导干部只有具备高强本领，工作才能驾轻就熟、游刃有余、出新出彩。

克服能力上的不足，就能解决工作上的短板。"工欲善其事，必先利其器。"本领不是天生的，是要通过学习和实践来获得的。领导干部要正确看待自己的短板，结合岗位要求和自身情况进行精准"自我画像"，弄明白工作差距在哪里、能力短板是哪些，在此基础上，有针对性地加强弱项知识的学习，不断增强工作本领，努力成为熟悉专业知识的活字典、掌握各项政策的政策通、精通业务工作的多面手。要牢固树立终身学习的理念，始终保持"入山问樵，入水问渔"的求知精神，努力加快知识更新、优化知识结构，不断掌握新知识、熟悉新领域、开阔新视野，补齐能力上的短板、知识上的弱项、经验上的盲区、视野上的局限，打造又博又专、底蕴深厚的素养结构。要努力加强实践锻炼，主动投身困难大、矛盾多、形势严峻、情况复杂的工作一线去经风雨、见世面、壮筋骨、长才干，磨砺钢铁意志、练就过硬本领。

第五篇

广汇民智集聚合力的本事

89 只有扎根实践"接地气",才能汲取营养"长才气";只有深入基层"敦敦苗",才能健康成长"高又壮"

根系向下,是为了扎进土壤、吸取营养;干部下沉,是为了和群众交心、帮群众办事。习近平总书记指出,"基层是一切工作的落脚点""基层实践是培养锻炼干部的'练兵场'"。习近平总书记年轻时在延安梁家河村插队7年,与基层群众建立了真挚深厚的感情,在基层一线的生动实践中获取智慧和养分,练就了过硬的为民服务本领。年轻干部要厚培艰苦奋斗的精神支柱,赓续发扬优良传统,深入广阔的基层"试炼""比武",在实践中历练成才。

艰难困苦,玉汝于成。俗话说:"人在事上练,刀在石上磨。"干部成长无捷径可走。年轻干部要做到想干事、能干事、干成事,就要扎根基层一线,加强思想淬炼、政治历练、实践锻炼、专业训练,在实践中不断增强解决问题的本领,激发知重负重的担当,厚

植心系群众的感情。习近平总书记强调:"对有潜力的优秀年轻干部,还要让他们经受吃劲岗位、重要岗位的磨炼,把重担压到他们身上。"吃劲岗位、重要岗位,往往体现于解决问题的磨炼、攻坚克难的考验。越是基层一线和艰苦地区,越能让人经风雨、见世面;越是复杂局面和急难险重任务,越能给人以重担压身的锻炼。年轻干部多在这样的岗位历练,增强解决问题的本领、激发知重负重的担当、厚植心系群众的感情,才能健康成长,更好肩负起新时代的职责使命。

基层是最好的课堂,实践是最好的老师。俗话说,"温室里养不出万年松,庭院里跑不出千里马"。基层经历是坐在办公室里难以体会的;基层增长的才干,是泡在书本里难以学到的。习近平总书记在梁家河插队的时候就曾发出"深入基层不放松,立根原在群众中"的体会,他也曾巧妙地比喻:"干部多'墩墩苗'没有什么坏处,把基础搞扎实了,后面的路才能走得更稳更远。"年轻干部要主动到改革发展的第一线、乡村振兴的主战场、服务群众的最前沿"墩苗",在复杂环境、艰苦岗位、关键时刻"墩苗",在真刀真枪中练就真本事、硬功夫,在斗争考验中淬火成金。《荀子·儒效》中有这样一句话,"不闻不若闻之,闻之不若见之,见之不若知之,知之不若行之。学至于行而止矣。行之,明也"。这里的"行"就是实践。年轻干部要勇于承担急难险重任务,在实践锻炼中摔打、磨砺,不断丰富阅历、增长才干,在新时代新征程中展现新担当新作为。

90 交基层朋友是做好群众工作的基础

习近平总书记强调:"要拜人民为师,甘当小学生,特别要多交几个能说心里话的基层朋友,这样才有利于了解真实情况,才有利于把工作做好。"人民群众是我们力量的源泉,密切联系群众是我们党的优良传统,也是我们战胜各种艰难险阻的法宝。与人民群众交朋友,保持血肉联系、密切鱼水深情,自然能赢得群众的拥护和支持。对于领导干部而言,多交几个基层朋友,多与他们交心谈心、碰撞思想,才能拓宽基层视野、倾听基层声音,才能更好地察民情、听民意,谋发展、思长远。

知屋漏者在宇下,知政失者在草野。群众观点是马克思主义的根本观点。人民群众中蕴含着无穷的智慧力量,是我们党的力量源泉。人民群众的社会实践,是获得正确认识的源泉,也是检验和深化认识的根本所在。我们的干部来自人民,为了人民,必须始终把人民放在心中最高位置。对于年轻干部来说,只有坚持到群众中去、到实践中去,倾听基层干部群众所想所急所盼,了解和掌握真实情况,才能真正认识基层、熟悉基层,进而提高解决实际问题的能力。基层干部长期扎根一线,对一线的情况非常熟悉,对周围群众所思所盼非常了解,与他们交朋友,能够察民情,感知群众的"急难愁盼"。对基层多一些真正的了解,能让我们不被表面现象迷惑,不被外在东西所遮掩;我们在谋划发展、制定政策、推进改革、改善民生的时候,能够针对问题及薄弱环节,找准切入点,对症下药,为基层解决难题,让群众多得实惠,进一步推动工作。

做干部必须**有本事**

脚上沾有多少泥土，心中就沉淀多少真情。一起爬过高山、走过险路，能够引发情感共鸣；去过偏远村寨、住过穷困人家，容易拉近心与心的距离。不少党员干部坚持把党的群众路线延伸到田间地头，常走乡村小路，常睡农家土炕，常吃农家饭菜，真正与群众打成一片，从推心置腹的交流中捕捉民意，设身处地为群众着想，动真情、办实事、解难题，跟老百姓成了知心朋友。事实证明，干部沉下去，拉近的是感情，转变的是作风，凝聚的是战斗力。年轻干部交基层朋友，必须摆正位置，拜人民为师，既要身入基层、身入群众，更要心入基层、情入群众，以群众心为心，用诚心换真心，把群众当家人，与群众打成一片，这样才能真正交到以诚相待的基层朋友。

"**意莫高于爱民，行莫厚于乐民。**"人民对美好生活的向往，就是我们的奋斗目标。我们党根基在人民、血脉在人民。领导干部必须始终牢记人民这个根，始终保持一颗念兹在兹的为民初心，常怀感恩之心，感谢基层群众的信任和支持，聚焦群众的操心事、烦心事、揪心事，结合实际、着眼长远、突出重点、久久为功，一锤接着一锤敲，用心用情用力打通"堵点"、解决"难点"、消除"痛点"，着力解决群众的"急难愁盼"问题，不断增强群众获得感、幸福感、安全感。

91 欣赏别人是一种境界，善待别人是一种胸怀

俗话说，尺有所短，寸有所长。欣赏就是以一双发现美的眼睛

多看他人的优点、长处,善待就是以一颗释放爱的心灵友善对待他人。对领导干部而言,欣赏他人、善待他人不仅是一种领导方法,更是一种高明的领导艺术。现实中,一些领导干部容易锱铢必较,用"放大镜"去看别人缺点,喜欢揪着不放、拿着说事,甚至"他人即地狱",心理阴暗,长此以往,既不利于团结他人,也不利于修炼自己,更不利于工作推进和事业发展。要学会多看别人长处,能容别人短处,多记别人好处,多帮别人难处,用欣赏的眼光来看待干部,用善待的办法来团结干部,凝聚力量、激发动力,汇聚干事创业的无限活力。

会欣赏别人,才会被别人欣赏。马斯洛需求层次理论认为,人的最高需要是实现自我价值。研究也证明,当一个人被欣赏和表扬时,心情总是愉快的,情绪总是高涨的。欣赏能出感情、出信任、出干劲、出效益、出人才。一个不懂得欣赏他人的人,只能抱着自己的偏见与狭隘躲在黑暗之中声讨;而一个乐于欣赏他人的人,却有容人之功、容人之才、容人之能、容人之胜,能收获内心的淡泊和他人的尊敬与欣赏。领导干部要多些肯定的目光,少些挑刺的眼神,善于用欣赏的方式激励人、团结人,为干事创业带来激情,为发展提升带来动力。

与人为善,推己及人。《孟子·公孙丑上》有云:"与人为善,善莫大焉。"以和善之心对待他人是中华民族的传统美德,也是领导干部的重要修养。领导干部要想带好队伍,就需要有与人为善的美好愿望、上善若水的优秀品质和厚德载物的高尚情操,以责人之心责己,以恕己之心恕人,设身处地为下属着想,对下属在政治上给予关心，在生活上给予帮助，在学习上给予鼓励，力所能及地帮助其解决实际困难，尽己所能为其成长进步创造条件，做到与己为善、与亲为善、与友为善、与邻为善，切实增强工作凝聚力、向心力和感召力。

容短学长，互补为益。习近平总书记在浙江工作时说过："天下无尽善尽美之事，世上无十全十美之人。"这提醒领导干部要学会欣赏人、善待人。只有学会欣赏别人，善待他人，才能发现干部身上的亮点，包容干部身上的棱角，实现人尽其才，才配其位。要主动破除"不批评不进步，小批评小进步，大批评大进步"的传统思维，善于用辩证的思维看待他人，坚持看主流、看发展，不一概而论、不全盘否定，多采用鼓励教育，多理解、多信任、多激励，学会在平淡中欣赏并善待他人。

92 善待自己的最好方法是善待别人，善待别人的最好方法是宽容别人

法国作家雨果曾经说："善良是历史中稀有的珍珠，善良是人最高贵的品质。"只有以宽容之心待人，才能看到他人身上的长处，收获他人的支持，团结持不同意见甚至反对自己的人，真正影响人、感召人、激励人，把更多的人团结在自己身边。领导干部要涵养宽广的心胸，善于运用宽容的技巧，容人之过、容人之怨、容人之言，用善意和宽容搭起沟通的桥梁。

爱人者，人恒爱之。俗话说，量小失友，度大聚朋。善待他人不仅是一种品德，也是一种风度。记住别人的好，可以培养自己谦虚的品质。人无完人，对人宽容就是对己宽容；善待别人，其实就是善待自己。你若冷若冰霜，别人如何笑容可掬；你若锱铢必较，别人如何宽厚相待。领导干部要以宽容的心态待人待事，以仁善之心对待周围的人，多一点欣赏，少一些苛责，最终收获支持，成就事业。

尊重别人就是尊重自己。尊重别人是最起码的准则，是一种教养修养，也是一种与他人相处的艺术，别人可以从你的尊重中来感知你的道德品行。尊重别人的人才能赢得别人发自内心的尊重。任何人做事情都不会尽善尽美的，但是懂得尊重他人，就会收获尊重、赢得人心。尊重领导是一种天职，尊重同事是一种本分，尊重下属是一种美德，尊重对手是一种大度。领导干部要学会以礼相待、平等对人，能从别人的优点中吸取精华，从别人的缺点中看到自身的不足，尊重亲人、尊重朋友、尊重路人，甚至尊重敌人，那必将无往而不胜。

换位思考才能理解感恩。古语云："己欲立而立人，己欲达而达人。"一直站在自己的位置上看别人，所得出的，永远都不会是好的结论。只有设身处地站在他人角度，才能理解他人的喜怒哀乐、酸甜冷暖，也才能以一颗宽容之心待人处事，容人之短、谅人之难。领导干部要懂得感同身受和换位思考，懂得尊重别人的不易和努力，尽量避免把自己的想法强加给别人，多一些倾听、少一些命令，多一分谦卑、少一些漠视，多一些宽容、少一些苛责，将心比心、以心换心，真正把工作做到群众和干部的心坎里。

93 格局大了，路就宽了

格局是一个人的人格、品格、胸襟、胆识等因素的内在综合。领导干部的格局大小，反映其所思所想、所行所止的站位高低、眼界宽窄。格局大者，胸怀天下、心系人民，做人为官忠诚坦荡，干事创业激情满怀；格局小者，心中只装着自己的"五斗米"，就会重私利、轻公义，甚至贪赃枉法、损公肥私。领导干部的大格局，就是心中常怀大局，自觉把工作放到大局中去思考、定位、摆布；就是正确把握大势，知形识势，顺势而为；就是"为天地立心、为生民立命，为往圣继绝学，为万世开太平"，"先天下之忧而忧，后天下之乐而乐"；就是注重涵养大气，敢于超越自我、突破自我。

站得高，看得远。古语云："不畏浮云遮望眼，只缘身在最高层。"胸怀大局，才能决胜于千里之外。党员干部特别是领导干部，要想不断从胜利走向胜利，必须始终做到大局在胸，坚定共产主义的理想信念，始终站在历史的高度、全局的高度想问题、看问题、解决问题，把工作放到大局中去思考、定位、摆布。正确处理好大局与小局、整体与局部、集体与个人的关系，坚决做到个人服从组织、局部服从整体，不能将个人私利凌驾于组织和人民之上，对抗组织、与民争利。否则，不仅会失去自己的人生格局，还可能让自己身败名裂。

想得深，悟得透。 "谋全局者，方能谋一域；谋大势者，才能成大事。"进入新时代，我们面临着统筹推进"五位一体"总体布局、协调推进"四个全面"战略布局的艰巨任务，领导干部要把握大势、着眼大事，找准工作切入点和着眼点，做到因势而谋、应势而动、顺势而为，实现新起点上新跨越。要视野开阔、胸襟博大、以小见大、见微知著，站在时代前沿和战略高度观察、思考和处理问题，既立足当前又放眼长远，既熟悉国情又把握世情，在政治上认识和判断形势，在解决突出问题中实现战略突破，不能也不允许鼠目寸光，更不能搞急功近利、劳民伤财的短期行为。

拿得起，放得下。 涵养大气象，才能立大志、成大事，有大格局。领导干部要培养全局眼光、历史眼光，不囿于眼前纷争的困扰，看到本质，守住根本，在潜移默化中养成大气。要以大气度思考大问题，善于并超前研究前沿问题、敏感问题、重大问题，特别是面对世界大发展、大变革、大调整的新形势，更要具有超越自我、突破自我的全局意识、全球意识，风险相伴的忧患意识、危机意识，着眼未来的前瞻意识、超前意识，以大思路应对大格局，用大智慧实现大发展。

94 心量狭小，则多烦恼；心量广大，智慧丰饶

　　心量，通俗讲指人的心胸、胸怀的度量大小。法国作家雨果曾经说："世界上最宽阔的是海洋，比海洋更宽阔的是天空，比天空

更宽阔的是人的胸怀。"人生舞台是否宽广，全赖于心胸的大小。有江海胸怀的人，必能容得下一切喜怒哀乐，善于接纳所有的人，包括反对过自己的人。领导者的心胸关乎事业兴衰、个人形象。"以度量容天下"，无疑有利于凝聚人心，汇聚人才，成就事业。

君子坦荡荡，小人长戚戚。古语云："以大度兼容，则万物兼济。"君子和小人，就在于胸怀大小的区别，一个人不论职位有多高，能力有多强，如果心胸狭窄，容不得人、容不得事，不仅给自己徒增烦恼，也搞不好领导班子内部团结，更搞不好与群众的团结。但现实生活中，有的干部心胸狭隘，对自己的利益斤斤计较，往往被眼前一点蝇头小利牵了鼻子，进而"一叶障目"，失掉了组织和群众的信任。可以说，博大的胸怀、容人的气度，是一个领导干部必须修炼的思想品德和素质，是为官做人的一种可贵境界。

心宽一尺，德高一丈。古语有云："先天下之忧而忧，后天下之乐而乐。"这句话强调为官者要胸怀宽广远大。回首历史，不难发现，大凡有成就者无不具有大度能容的胸怀。齐桓公不记一箭之仇重用管仲，成为春秋五霸之首；李世民重用政敌的重臣魏征，创造了唐朝的辉煌；身经百战的将军粟裕，"战功高不居功，贡献大不自大"，常自谓"沧海一粟"，诚见其气量与品格，更令人亲近，受人敬仰。心量大小，不仅关乎个人品格，更关乎执政成效、人心向背。领导干部要涵养"心底无私天地宽"的无私胸怀，破除只讲个人和"小集体"利益的误区，树立维护党和人民利益的观念。

能容毁誉风中过，坐看烟云笔底穿。习近平总书记强调："我们共产党人特别是领导干部都应该心胸开阔、志存高远。"顺逆乃人生常态，以何种心态面对，至关重要。宠辱不惊不是消极回避，更不是看破红尘，而是一种人生的淡定，一种在遭受挫折时仍能笑对人生的从容。领导干部要涵养宠辱不惊的淡定和"风物长宜放眼量"的气度，不过于计较一时得失、一事成败、一职高低，在成绩面前不得意忘形，在困难面前不畏惧退缩，在挫折面前不消沉失志。真正容得了非难误解，咽得下酸甜苦辣，抵得住名利诱惑，始终以一颗平和、宽广的心态，接受世事纷扰、物欲横流的考验。

95 讲团结方可聚合力，能共事才能干成事

习近平总书记指出："懂团结是真聪明，会团结是真本领。团结出凝聚力，出战斗力，出新的生产力，也出干部。"团结共事，是一种能力，是干好工作的基础条件之一，是人必不可少的道德品质，是党对领导干部的基本要求。一个团队，没有团结合作的精神，就会离心离德，成为一盘散沙，只有团结协作，才能攻坚克难，取得成功。一名优秀的领导干部，应当具备较强的团结共事能力，发挥团队最大效能。

事成于和睦，力生于团结。毛泽东同志说过："团结一致，同心同德，任何强大的敌人，任何困难的环境，都会向我们投降。"一个团队能否所向披靡，靠的不是单个成员的优异，而是得靠全体成员的齐心协力。我们党从创立至今，一直葆有旺盛的生命力、强大的战斗力和高度的凝聚力，就是因为广大党员干部始终自觉与党

中央保持一致，心往一处想，劲往一处使，风雨同舟，甘苦与共。领导干部应当牢固树立团结意识，时刻以大局为重，自觉服从上级安排，积极服务于中心工作和中央的决策部署。

善共事，才能干成事。大家在一起团结共事，是事业的需要，组织的重托，群众的期望，同时也是一种难得的缘分，一段难忘的历程，一种人生的幸运。领导干部要把团结干部作为一种境界来追求、一种能力来培养、一种责任来强化，要善于和而不同，调动班子成员的积极性、主动性、创造性，真正发扬民主、集思广益、科学决策，团结各方面同志包括与不同意见的同志一道工作，更要善于相互合作，使干部在思想上合心、工作上合力、行动上合拍，从而形成干事业一条心、抓工作一盘棋、谋发展一股劲的良好局面。

能用众智，善用众力。古语云："能用众力，则无敌于天下矣，能用众智，则无畏于圣人矣。"五指长度各不相同，但握指成拳能聚合力。在一个团队里面，每一个人的能力不同，特长不同，性格不同，领导干部要实现团队的最大价值，就要人尽其才。将每个人的力量都整合起来，集大家之力量、智慧，心往一处想，劲往一处使，拧成一股绳，勇往直前，发挥出"1+1>2"的力量。

96 榜样是最好的示范，表率是无声的命令

俗话说，火车跑得快，全靠车头带，群众看党员，党员看干部，领导干部作为党员群众的"火车头"和"关键少数"，其带头

示范作用是一种无言的力量，会对广大干部、党员和群众产生示范和导向作用，从而在相当程度上决定着各项事业和工作的成效。领导干部要坚持身体力行，以上率下，在各方面发挥好示范带头作用，形成"头雁效应"。

榜样的力量是无穷的。俗话说：要想火车快，全靠车头带。上行而下效，一个家庭如此，一个单位、一个国家亦如此。领导干部做得好，就树起一根标杆，带动一片，凝聚起干事创业的正能量；做得不好就必然会带来负面的示范效应，也得不到干部和群众的认可和拥护。可以说，榜样的力量是无穷的，下级学习上级，领导干部不能将自己混同于一般群众，说话做事，一定要想在前面，干在前面，事事做示范、树榜样，用自己的实际行动来引导和影响身边的人，以有形的示范和无声的示范做到无声胜有声。

以令率人，不若身先。古语云："欲影正者端其表，欲下廉者先之身。"领导干部的一言一行是干部群众的风向标。但在现实中，"双标"干部却不同程度存在，要求自己宽之又宽，总是高高在上、脱离实际，不了解民情，不掌握民意，要求别人却严之又严，动辄问责、处分，让真正干活的人无所适从。没有表率作用就没有统率资格，领导干部一定要有身先士卒、敢为人先的意识，要求群众做到的，首先自己要做到，要求群众不做的，首先自己不去做，真正做到"子帅以正""向我看齐"。

"给我上"永远不如"跟我上"。在井冈山斗争的艰苦岁月里、在长征过"大渡河""腊子口"时、在上甘岭的枪林弹雨中、在老山前线的猫耳洞里、在抗震抗洪抗疫一线，都有党员干部立身为旗、时时处处以身作则，汇聚成上下同欲、攻坚克难的磅礴伟力，不断从胜利走向胜利。我们常说喊破嗓子不如做出样子，领导干部就是要做到一级干给一级看，一级带着一级干，唤起群众同心干，和群众齐心协力逢山开路、遇水架桥，破除发展新难题，取得发展新突破，开创发展新局面。

97 要能谋善断，把好方向；要能干善治，抓好落实；要能征善战，做好表率；要能识善任，带好队伍

习近平总书记指出："在中国当领导人，必须在把情况搞清楚的基础上，统筹兼顾、综合平衡，突出重点、带动全局，有的时候要抓大放小、以大兼小，有的时候又要以小带大，小中见大，形象地说，就是要十个指头弹钢琴。"这句话形象地指出了领导干部的为官从政之道。领导干部是一个单位、一个地方的主心骨，必须学会统筹兼顾，管好大局、定好方向、做好表率、育好队伍。

唯蓄理足，始有眼光；有眼光，始知弃取。把方向、谋大事是重要的思想方法和工作方法，体现的是一种战略思维和战略眼光。能谋善断关键在于要有主见，主见就是主导、主要、主事之见，是领导干部应有的品格和能力，它来自科学理论的丰厚滋养。领导干部主管一方、分管一域，必须站在政治和全局的高度，增强识势之明、提高布局之能、掌握干事之道。要始终坚持用战略思维观大势、历史思维明规律、辩证思维抓根本、创新思维谋发展、法治思

维求善治、底线思维争主动。

为者常成，行者常至。习近平总书记强调，要自觉从全局高度谋划推进改革，做到实事求是、求真务实，善始善终、善作善成，把准方向、敢于担当，亲力亲为、抓实工作。领导干部要崇尚实干、狠抓落实。要善于从根本的、关键的、主要的环节着手，以重点突破带动整体跃升。要善于把具体问题提到原则高度来把握，把当前任务放在过程链条中来运筹，做到问题导向、目标导向、效果导向相统一。

人不率则不从，身不先则不信。领导率先垂范是最好的命令，以身作则是最好的榜样。领导、领导，引领指导；干部、干部，先干一步。领导机关和领导干部带头冲在前、干在先，是我们党走向成功的关键。进入新时代，改革发展任务艰巨，更需要干群一心齐力攻坚，领导干部要摒弃以往的"官架子"，不当"甩手掌柜"，俯下身子与干部职工一起，与百姓群众一起，谋在先、干在前，敢抓敢管、敢于负责。

人才自古要养成，放使干霄战风雨。千秋基业，人才为本。当今时代，正面临着百年未有之大变局，中国的发展也面临国内外环境的深刻复杂变化。面对新机遇新挑战，人才的重要性日益凸显。治国经邦，人才为急；创新之道，唯在得人。领导干部要具有识才的慧眼、爱才的诚意、容才的雅量、聚才的良方，着眼于中国改革发展的长远大局，能识善任，使有才干的人在改革发展事业中大显身手。要牢固树立"抓好班子带好队伍是更大政绩"的理念，做到敢抓敢管、真抓真管、严抓严管，抓好班子、带好队伍、管好干部。

98 偏见的思维比无知更可怕

偏见是由于人类理性的有限性而普遍存在的认识现象。有哲人曾言:"发现自己的偏见是智慧的开端,摆脱自己的偏见是自由的源泉。"领导干部之所以能够成为事业发展的带头人,并不在于他们不存在偏见,而在于他们能够比常人更自觉、更有效地克服自己的偏见,保持开放状态,博采众人所长。面对世界百年未有之大变局和当前国内外的复杂环境变化,如何克服以往经验所形成的思维定式和认知偏见,在变局中开拓新局,成为摆在领导干部前面的必答题。

偏见源于无知。塞·约翰逊曾说:"心存偏见的总是弱者。"由于人类理性的有限性,每个人的认知和判断都会存在一定程度的偏见。而领导干部肩负着开创事业、科学决策、引领改革等重要职责,其偏见会导致更为严重的负面效应,会成为治国理政的天敌,不仅会损害领导干部的政治威望,还会严重削弱公共决策的民主性和科学性,使干群关系恶化,政治生态污浊,甚至削弱党和政府的群众根基。领导干部不能因为自己的无知产生偏见,要加强学习,拓宽知识面,用理论指导实践,亲自作一番调查研究再得出结论,消除自己对工作、同事的偏见。

偏听则暗,偏信则误。梁启超曾说:"戴绿眼镜者,所见物一切皆绿;戴黄眼镜者,所见物一切皆黄;口含黄连者,所食物一切皆苦;口含蜜饴者,所食物一切皆甜。"所谓"好恶乱其心,利害夺其外",偏见不是天生的,而是由思维惰性导致的,有的从自身利益、得失去考虑问题、判断是非；有的为了显示自己的魄力、维护自己的面子，盲目地自信，在真理面前也绝不服输……凡此种种，都会被偏见蒙蔽双眼从而看不到事物的真相。只有接受差异、尊重差异，才能架起理解的桥梁，消除偏见的鸿沟。

加强思想修养，消除自己偏见。克服偏见，要不懈地学习马克思主义哲学，掌握唯物辩证的世界观和方法论，坚持实事求是的思想路线，经常检查自己的思路想法是否符合实际情况，主观是否符合客观。领导干部要加强自己的修养，培养在真理面前低头的心态和品德，坚决摒弃不自觉产生的成见和意气用事的偏见，始终使自己保持理性的状态和清醒的头脑，避免"盲人摸象"。要努力排除私心杂念、自私自利因素对思想的干扰，以公正之心获得正确认识。

99 成见不如理解，抱怨不如放下

成见是指对人或事物所抱的固定不变的看法，成见的产生主要有两个方面的原因：一是对事物、对工作对象缺乏深入研究，唯书、唯上、唯权威，人云亦云；二是自己以前探究过某种方法并取得成功，于是便把这种经验视为真理，并用这种思维定式去框、去套不断发展变化的客观事物。对领导干部而言，如果"只见树木，不见森林"，甚至爱屋及乌，就有可能有损公正，影响一个单位、一个地方的政治生态。只有加强理解，放下成见和抱怨，才能客观处事，掌握事物规律，取得事业成功。

不要戴着有色眼镜去看人。三国时期的鲁肃因为嫌弃吕蒙才疏学浅，取笑他为"吴下阿蒙"，后来吕蒙饱读兵书，大有长进，于是有了"士别三日，当刮目相待"的典故。按照老眼光、旧思想去处理事情，有时会墨守成规，作出错误的判断，只有不断更新理念，用发展的而不是静止的、辩证的而不是片面的观点去看待事物，才能全面掌握事物本质。领导干部不能被经验牵着鼻子走，要善于在已知中寻求未知、在总结中学会反思，不落入惯性思维的圈套。

抬头抱怨不如埋头行动。毛泽东曾说："牢骚太盛防肠断，风物长宜放眼量。"告诫领导干部要眼光长远，不要被当下的事情困住心智，否则害人又害己。党员干部如果凡事都持有抱怨情绪、抱怨思维，久而久之，就会松懈意志，消磨工作干劲和激情，还会蔓延、辐射给周边同事，影响整个部门或单位的作风与风气。孔子曾说："在邦无怨，在家无怨。"领导干部要少一点抱怨，多一点服务和奉献。增强宗旨意识，做到甘于奉献，防止私欲膨胀，以积极的心态去对待问题，尽心尽意、真真切切地去做好该做的事情。

成长就是理解，成熟就是释怀。成见是抱怨的根源，抱怨则是团结的敌人。每个人的出发点不同，对事物的看法也不同，但如果固执己见，任由成见和抱怨等不良情绪蔓延，只会影响团结、阻碍工作，只有学会换位思考，增强对他人的理解，才能团结最广大的人民群众，争取一切可以争取的力量。领导干部要学会将心比心，设身处地地去了解事情、放下身段，倾听他人声音，站在对方的立场上体验和思考问题，切实体会他人的喜怒哀乐，真正使决策合民意、顺民愿、暖人心。

100 尊重人、信任人、关心人、理解人、帮助人,是建立良好人际关系的五个基本条件

习近平总书记强调:"党内上下关系、人际关系、工作氛围都要突出团结和谐、纯洁健康、弘扬正气。"领导干部作为单位的"一把手"和"关键少数",就要主动尊重人、信任人、关心人、理解人、帮助人,努力构建和弘扬良好的人际关系。

自尊者尊人,尊人者人尊。尊重是一种动力,相互尊重会带来互促共进。古人云:"士为知己者死。"下级一旦因受到信任和尊重而获得心理上的满足与平衡,就会增强自尊心、自信心和自豪感,激发起干好工作的积极性、主动性和创造性,人际关系也会更加和谐。干部之间首先要和谐,相互尊重、相互理解、相互支持、相互配合,才能促进各级党组织之间、上下级之间、党群干群之间的团结和谐。

信人者,人亦信之。在我国这个社会主义国家,全体人民的根本利益是一致的,人与人之间是同志关系,应该彼此爱护、相互信任,为着共同目标不懈奋斗。领导干部不仅要在得到他人信任时以诚相待,而且更要主动施信于人,诚心倾听促进信任互动,传递彼此信任的正能量,赢得信心、信任、信赖。

将心比心,以心换心。习近平总书记指出,党员干部只有将心比心,才能换取真心,才能找到解决问题、推动工作的良策。只有理解人,才能被人理解,对领导干部而言,只有推己及人,才能体察基层冷暖和干部心声,作出正确的决策。领导干部要善于放下架

子，多和下属接触，多发现下属身上的闪光点，多肯定下属的个人能力和工作成绩，让下属充分体验到成就感，心理达到平衡，从而增强工作信心，激发工作热情。

两心不可得一人，关心可得百人。领导者对下属千关心、万关心，对其事业、前途、作为方面的关心，才是最大的关心。一方面，要善于为下属提供成长的机会，创造进步的条件；另一方面，要及时对下属的工作热情和工作成就，予以正确认可和鼓励，以使他们享受到成功的快乐，认识到自身工作成果的价值。这样，才能使下属增强集体意识，对组织和团体产生归属感。

成就他人，绽放自己。古人云，"共舆而驰，同舟而济，舆倾舟覆，患实共之"。帮助别人是关爱他人、热爱社会的人道情怀，是敬畏生命、珍视自我的人生表达，是完美人格、完善人性的再造方式。领导干部要像雷锋那样，"把别人的困难当成自己的困难，把同志的愉快看成自己的幸福"。在帮助别人的过程中，不仅能收获友谊和快乐，还能为党添彩，增强党的凝聚力、感召力，加重党在人民群众心中的分量，赢得人民群众的好口碑。

101 用彻底的理论说服人，用深厚的学理滋养人，用生动的话语吸引人

习近平总书记强调："以理服人，以文服人，以德服人，是中华文化的生命禀赋和生存耐性。"干部要用彻底的理论、深厚的学

理、生动的话语去提高认识、增长智慧、指导实践、推动工作，做到以学习促进实际工作水平和解决问题能力的提高。要善于讲道理，注重说服群众、统一思想、凝聚意志，使党的决策意图得以迅速实现。

势服人，心不然；理服人，方无言。马克思指出："理论只要说服人，就能掌握群众；而理论只要彻底，就能说服人。"只有把道理说明白讲透彻，才能统一思想、凝聚意志，使人信服。干部要善于运用真理的力量征服人，聚焦当代中国重大理论和实践问题，围绕人民群众想听的事、关心的事、身边的事，把"大主题"和"小切口"结合起来，讲真理不讲歪理，讲实话不讲假话，讲心里话不讲客套话，以理服人，以情动人，深入浅出，引人入胜。正所谓"理直才能气壮，理屈难免词穷"，要把道理说明白讲透彻，讲清理论渊源、特定背景、实践依据，揭示党的路线方针政策蕴含的客观规律性，阐明工作的重要性、必要性、可行性。

文以润思，文以化人。习近平总书记指出，一个政党要走在时代前列，一刻也离不开理论指导；一个领导干部要做好本职工作，一刻也离不开理论学习。掌握了理论才能正确地指导工作。领导干部要带头真信真学真实践党的创新理论，深读马克思主义经典、悟马克思主义原理，用马克思主义基本理论增长知识、开阔眼界、增加思想深度，不断提高理论素养，锤炼以理滋人的硬功夫。要深化对重大理论问题的学理研究，把内在的理论逻辑搞清楚搞透彻，掌握理论的精髓要义，不断丰富完善理论学识体系，着力增强理论思想的彻底性、说服力，使理论滋养更有温度、更有力度。

动人之语，可扣心门。苏格兰诗人威廉·德拉蒙德说："不愿说理是固执，不会说理是傻瓜，不敢说理是奴隶。"干部要提高运用马克思主义原理分析问题、解决问题的能力，善于因事而化、因时而进、因势而新，用大众话来"化"大众，让基本原理变成生动道理，让根本方法变成管用办法，使做事做人的道理真正入脑入心、见之于行。要把理讲实讲近，讲得有亲和力、讲得有吸引力，学会用讲故事、说事例、接地气等方式，紧跟时代抓住人心，多讲人民群众身边人身边事，多用事实和数据说话，把道理讲得实实在在，做到让人愿意看、看得懂，愿意听、听得进，让党的创新理论"飞入寻常百姓家"。

102 高标准，不能高得离谱；严要求，不能严出格

俗话说："凡事有度，过犹不及。"唯物辩证法认为，度是事物的质与量的统一，是事物突破原有质的和量的限度。一旦超出度的界限，事物就可能发生质的改变。事实上，做任何事都是个分寸的把握，多一分嫌长，少一分则短，无论是标准还是要求，只有拿捏得恰到好处，才能做到恰如其分。现实中，有的领导为了追求"门面工程"而随意拔高标准；有的一味要求高速发展，虚报浮夸、弄虚作假，结果欲速则不达；有的对待工作过于严厉，不容易被人接受，引发工作矛盾；有的过于和风细雨，起不到批评教育应有的作用。凡此种种，看似标准高要求严，实则有损条令法规威严。

月圆则缺，器满则倾。《现代汉语词典》将"标准"解释为"衡量事物的准则"，守标准，就要循其规范。好的标准可以帮助我们快速有效地解决疑难杂症，而差的标准却容易让我们误入歧途。不同的标准，得出的便是不同的结果。因此，制定什么样的标准，如何确立标准，至关重要。俗话说："量体裁衣，量力而行。"要使标准符合实际，就要有强烈的规则意识，既不降低门槛，又不拔高标准。干部要围绕信念过硬、政治过硬、责任过硬、能力过硬、作风过硬五个方面树立新时代好干部的标准，坚决做共产主义远大理想和中国特色社会主义共同理想的忠实实践者，真正做到对历史和人民负责。要实事求是地认清自己，静下心来仔细衡量自身能力与目标的高度是否匹配，从事物发展的内在规律来看问题、办事情。

高低有分寸，宽严要适中。干部管理宽严并济，既是"紧箍咒"，也是"护身符"，既是严格约束，又是更好保护。严而有方、严而有度，工作运转才能更加高效正规，更加充满活力。对他人、对自己只想放纵不提要求，就会难以驾驭；反之，若只是一味施以高压，忽视人文关怀，则会引起心理和行动上的对抗，挫伤干事创业的积极性和可持续性。干部既要严于律己、严于律他，又要与人为善；既要坚持从严从实际需要出发，又要做到不搞层层加码变本加厉。要严格依据法规制度办事，切实做到基于爱、依于法、明于理，做到严管能管到关键处、管到关键事，只有这样，才既能使领导者服众，使部属心悦诚服。

103 取法于上仅得中，取法于中不免下

古人云："谋其上，得其中；谋其中，得其下；谋其下，无所得。"意思就是以上等作为目标，只能取得中等的效果，以中等为目标，则只能取得下等的效果。提示人们，无论是做事还是学习，都要放宽眼界、提高标准，才能实现预期目标。习近平总书记强调："要特别注意把自己的事情做好，用共产党员的标准严格要求自己，工作上不要有失误。"如果党的干部只是循规蹈矩，按部就班，没有远大理想抱负，就会出现内生动力匮乏，没有高标准严要求就会滋生得过且过的过关心态，就会严重影响各项工作的高效开展。党员干部必须要有追求卓越的信念，摒弃"退而求其次"的想法，不给自己的人生设限，要在更高层次上"睁眼看世界"。

没有标准就没有质量。明代戚继光有句名言叫"军中立草为标"，意思是军营里即使放一根稻草都要有标准、有规范。党员干部肩负中华民族伟大复兴的时代使命，谋事创业需要高标准严要求作为思想底线，干事成事需要高标准严要求作为境界担当，因此，要强化标准意识，通过思想教育、典型示范、岗位践行，从高质量发展的高度去认识、对待标准和要求，做到心中有标准、眼里有准星，干工作不满足于"过得去"而求于"过得硬"，促使工作质量持续提升，身心投入富有成效。

高标准才有高质量。毛泽东同志强调："什么东西只有抓得很紧，毫不放松，才能抓住。"领导干部作为"关键少数"，要使标准

意识充盈，增强干事创业的发展后劲，要在高标准严要求上更好地抓好落实，严格对照信念坚定、为民服务、勤政务实、敢于担当、清正廉洁的好干部标准，认真落实党中央关于全面建设社会主义现代化国家和推进中华民族伟大复兴的各方面要求，做到在深入学习贯彻新时代中国特色社会主义思想上、同党中央保持高度一致上、坚决贯彻落实党中央各项决策部署上对标抓落实作表率。要持之以恒、久久为功，一把尺子量到底、一锤接着一锤敲，真正让标准成为习惯、让习惯符合标准。

104 褒奖每一个人，也就等于没褒奖任何人

喜欢听美言是人之常情，党员干部也不例外。但是，很多时候，好话都经过修饰和夸张，未必是真心话，很多还是场面上的奉承话、怀有利己目的的讨好话。现实中，有的信奉"少说为佳，和气为上"，多栽花、少栽刺，对班子成员和党员干部不愿"咬耳提领扯袖"。俗语云"旁观者清，当局者迷"，很多时候，有的问题自己是意识不到的，需要旁观者及时给予信言提醒，敲敲警钟、咬咬耳朵、扯扯衣袖、红红脸、出出汗，便如醍醐灌顶，幡然醒悟。如是，便能够防止小错铸成大错，在小问题上栽大跟头。

拒绝当一团和气的好好先生。习近平同志曾说："一团和气、好好先生、你好我好大家好，这不是团结，而是涣散，也是一种麻痹。"同志间搞一团和气，往往会掩盖问题、掩饰矛盾。比如，一

旦民主生活会走过场，搞一团和气，就烧不旺党内政治生活的"大熔炉"，锻造不出"好钢"；一旦干部犯了错误没人愿意"咬耳扯袖""猛击一掌"，犯错干部就不能及时悬崖勒马。实践证明，一团和气盛行，就会把党性原则、纪律规矩丢在一边，党员干部一旦失了原则、没了坚守，就容易突破底线，在各种诱惑、"围猎"面前难保不败下阵来。

以成就论英雄，按实绩兑奖惩。干部业绩在实践，干部声名在民间。褒奖干部要多到现场看、多见具体事、多听群众说，深入了解群众的真实评价，注重体察群众的主观感受，把群众的"好差评"作为干部的"正衣镜"、奖惩的"度量衡"，始终坚持人民至上理念，时刻把人民安危冷暖、安居乐业放在心上，努力以造福人民的政绩赢得群众的认可。要把贯彻落实习近平总书记重要指示批示精神和党中央决策部署，贯彻新发展理念、推动高质量发展的实际表现和工作实绩，作为褒奖干部政绩的基本依据，作为检验干部的政治忠诚、政治担当和政治能力的重要标尺，督促激励干部从政治高度深刻理解政绩内涵，对国之大者做到心中有数。要使政治坚定、奋发有为的得到褒奖和重用，使慢作为、乱作为的受到警醒和惩戒，真正发挥好考核传导压力、激发动力、释放活力的作用，达到激励先进、鞭策后进、推动中间的目的，营造尚实干、勇作为、敢担当的良好氛围。

105 听不到奉承的人是一种幸运，听不到批评的人是一种危险

古人云："反听之谓聪，内视之谓明，自胜之谓强。"一句由衷的鼓励可以坚定信念、激发能量，但天花乱坠的阿谀吹捧可以让人忘乎所以，腐蚀其进步的根基。习近平总书记指出："好人主义盛行，有问题不指出，有过错不批评，这种庸俗作风盛行之处，往往就是党组织和领导政治软弱、作风涣散的地方，就是党员、干部中出问题多的地方。"如果领导干部以身作则，广开言路，广大干部和群众就敢于发表不同意见，敢于讲话。因此，重视听取群众的意见，尤其是批评意见，是我们干成事业的关键。作为领导干部就要敢于听取不同的声音，拥有听真话的胸襟，对待逆耳问题，要积极倾听，虚心接受，认真分析，从批评性的意见建议中吸取真知，明辨工作对错，总结经验教训，寻找解决之对策，凝聚起干事创业的智慧和力量。

人之生，不幸不闻过。陈毅元帅说过，"一个人听不到批评，不能证明他是'完人'，只能证明他'完了'"。虚心纳谏是我们党一贯倡导的工作作风，要把干部和群众的批评，看作是对我们的爱护和信任，哪怕批评的话说得再重些，再刺耳些，甚至与事实有些出入，有些片面性，也应该对批评者采取支持和鼓励的态度。领导干部要带头从谏如流，把接受群众批评作为一种修养、一种能力、一种气度、一种胸襟，敞开大门"迎谏"，伏下身子"求谏"，鼓励群众"进谏"，积极营造敢讲逆耳真话、敢提不同意见的良好氛围。

虚荣会开花，但不会结果。干部之所以热衷于被吹捧，总结来说是虚荣心作祟，谋事创业缺少实干实绩，用吹捧的言语来粉饰内心空虚，不断蒙蔽自我。阿谀奉承的人投其所好、凌空蹈虚，领导干部就容易掉入围猎的"甜蜜陷阱"。成绩不是靠别人夸出来的，而是干出来的。领导干部要树立求真务实的政绩观，将实的作风不折不扣地延续在干事创业的全过程。要以人民的认可为最大的奋斗目标，树牢为民服务的宗旨意识，将人民关心的大事、小事、难事、急事办好办实，用行动赢得群众的口碑。

闻过则喜，知过不讳，改而不惮。在实际社会交往中，我们会遇到志同道合的益友，也少不了利益驱使的说客，若非真心实意，怎有幸听得忠言逆耳。当沉醉于好话的动听时，也就意味着思想的松懈，自我思想意识也将出现破绽。无论身处什么岗位，我们都应当练就逢夸必省的警惕意识，学会用自省自查把牢心关，叩问真实自我改良进步，才能葆有"不畏浮云遮望眼""乱云飞渡仍从容"的坚定与坦然。

第六篇

脚踏实地真抓落实的本事

106 状态是干出来的,而不是等出来的

习近平总书记强调:"良好的精神状态,是做好一切工作的重要前提。"良好的工作状态不但是领导干部对自身的要求,也是自我鞭策,实现自身进步的根本途径,一个没有好的工作状态的领导干部,不但自己的工作做不好,而且得不到群众的肯定,让党的工作开展缓慢,得不到落实。检验领导干部精神在不在状态、状态好不好,最终要看工作的成效。俗话说"一等二靠三落空",要想"在状态",必须真抓实干、锐意进取,真干而不是假干,实干而不是虚干。只有彻底摒弃等的思想、靠的懒惰,从心底树牢奋发向上的积极进取精神,才能在工作中干出业绩,在群众中赢得口碑,用自己的一言一行默默诠释领导干部的责任和担当。

保持工作状态,不负人民期望。思想是行动的先导,指引着行动的方向,思想上差很多,行动上就会差更多。干工作要率先在思想上发力,破除惯性思维、路径依赖,既立足当下,又兼顾长远,做起而行之的行动者,不做坐而论道的清谈客。消除小九九、莫打

小算盘，转变态度、改进作风，全力以赴，真心实意为群众办实事、解难事、做好事，以工作成效取信于民。

状态需要积极，工作需要进取。古语有云："路漫漫其修远兮，吾将上下而求索。"始终保持昂扬向上、积极进取的精神态度，是干部干好工作的动力源泉。当前，改革发展已到中流击水，不进则退，形势迫人、时不我待，更需奋发进取、闯关夺隘。干部要切实增强进取意识，始终保持一种励精图治、迎难而上的工作干劲，一种干不好工作就食不甘味、寝不安席的敬业精神，做到抓铁有痕、踏石留印，不达目标不收兵，不达效果不罢休。

念兹在兹，实干为要。"实"字当头、"干"字为先。领导干部要以饱满的精神、昂扬的斗志、充足的信心，投入到党的事业中，用心用情用力干实事、抓落实，为党的工作的顺利推进增添燃油和动力。保持良好的工作状态，在难题面前敢于开拓，在矛盾面前敢抓敢管，在风险面前敢担责任，争做埋头苦干的真把式、雷厉风行的快把式、追求卓越的好把式，以饱满的状态奋发有为，勇于担当，心中有底气、手里有办法、脚下有路子，一心一意为民服务，不负时代要求，不负人民期望。

107 不干，半点马克思主义都没有；不干，增长本领就是纸上谈兵

习近平总书记指出："社会主义是干出来的，新时代也是干出

来的。"前进道路上,有需要攻克的"娄山关""腊子口",也有各种苦难和曲折,有发展中的问题,也有发展起来后的烦恼,中国的社会主义现代化建设是一场实实在在的"勤劳革命"。"凿井者,起于三寸之坎,以就万仞之深。"面对复杂形势和艰巨任务,我们要在实干中育本领,于干事中开新局,不断提高学习本领、政治领导本领、改革创新本领、科学发展本领、依法执政本领、群众工作本领、狠抓落实本领、驾驭风险本领。

干事是天职,不干是失职。反对空谈、崇尚实干、注重落实,是我们党的优良传统。邓小平同志在改革之初曾告诫全党:"世界上的事情都是干出来的,不干,半点马克思主义都没有。"推进伟大事业,离不开思想解放、观念创新,更需要埋头苦干、真抓实干。干部要坚持以行动自觉深化思想自觉,树立求真务实意识,养成真抓实干的新风正气,涵养实干的品格,葆有实干的姿态,不断增强工作的责任感和紧迫感,克服浮躁情绪,抛弃私心杂念,把心思用在干事业上,把精力投到抓落实中,创造实实在在的工作成绩。

干劲不可松懈,击楫中流更须奋进。当前,世界百年未有之大变局加速演进,我国发展的内部条件和外部环境正在发生深刻复杂变化,需要解决的问题会越来越多样、越来越复杂,领导干部尤须牢记"空谈误国、实干兴邦"的警训,重温"时间就是金钱,效率就是生命"的格言,实字当头、以干为先,充分发挥主观能动性,带头干、带领干、带动干。既要带领大家一起定好盘子、厘清路子、开对方子,又要做到重要任务亲自部署、关键环节亲自把关、落实情况亲自督查,不能高高在上、凌空蹈虚,不能只挂帅不出征,努力出实招、干实事、创实绩，凝聚改革开放再出发的磅礴伟力。

想干事、能干事、干成事，才是真本事。推进改革发展，既要有"亦余心之所善兮，虽九死其犹未悔"的豪情，也要有"日日行，不怕千万里；常常做，不怕千万事"的执着，更要有不断掌握新知识、熟悉新领域、开拓新视野的自觉。唯有善于学习、加快成长、把干事热情和科学精神结合起来，跟着问题走、奔着问题去，坚持创新思维，练就高强本领，努力适应变化的世界，积极应对形势任务发展带来的挑战，才能推陈出新、攻坚克难，不断赢得主动、赢得优势、赢得未来。

108 有奋斗才会有进步，有奋斗才会有成果，有奋斗才会成功

习近平同志强调："中国人民自古就明白，世界上没有坐享其成的好事，要幸福就要奋斗。"伟大奋斗精神深深根植于博大精深的中华文明，不懈奋斗是一种人生态度和境界，是人生的更高层次的一种获得感。党员干部努力奋斗，是推动社会前进的动力，也是个人通向幸福的阶梯。新时代是奋斗者的时代，为进一步走好新时代的新征程，就时刻需要党的干部甘于奋斗、履职尽责、担当作为。

立志当高远，奋向鸿鹄游。有志向，就能心怀远大、胸怀梦想；有奋斗，就能登高望远、行稳致远。奋斗是艰辛的、长期的、曲折的，具有传承性和时代性。习近平总书记指出："前进的道路

从不会一帆风顺，实现中华民族伟大复兴的中国梦需要一代一代青年矢志奋斗。"当今在世界多极化、经济全球化、社会信息化、文化多样化深入发展的时代背景下，面对波谲云诡的国际形势、复杂敏感的周边环境、艰巨繁重的改革发展稳定任务，我们党的领导干部只有对奋斗有清醒认知，秉持奋斗精神，才能使中国共产党在时代进程中永葆先进性。奋斗精神就是吃苦受累、敢闯敢试的精神；就是胜不骄败不馁、愈挫愈勇的精神；就是无惧无畏、一往无前的精神；就是踏实勤勉、一步一印的精神。只有对奋斗执着坚守，才能使中华民族屹立于世界民族之林。广大干部要有长期奋斗的思想准备，下好先手棋、打好主动仗，积极应变，于变局中开新局。

奋斗是成功者永不过期的"通行证"。事业是实干出来的，幸福是奋斗出来的。从"书山有路勤为径，学海无涯苦作舟"的良训，到鲁迅先生"把别人喝咖啡的时间"用来写作的努力，都反复揭示一个简单而又深刻的道理：踏踏实实、努力奋斗才是成功的秘诀所在。世上有没有随随便便的成功，有没有轻轻松松的捷径？茅以升的话就是最好的回答："勤奋就是成功之母。"天上不会掉馅饼，种瓜得瓜，种豆得豆，有什么样的奋斗就有什么样的人生。离开了奋斗，寸步难行，一事无成。奋斗不是喊口号，而应见诸具体行动，提高奋斗本领对奋斗本身而言至关重要。所有的成功都离不开奋斗，但不是所有的奋斗都能成功。只有不断提高奋斗的能力和水平，苦干、实干加巧干，才能最终获得成功。新时代是奋斗者的时代，领导干部要以人民对美好生活的向往为奋斗目标，保持共产党人的精神状态永不懈怠，以奋斗姿态一往无前，在不懈奋斗中再创佳绩,在竞相奋斗中革故鼎新,在团结奋斗中集智聚力,创造幸福生活,开创宏图伟业。

109 没有真正有效的执行,再好的决策都会成为空谈

三分战略,七分执行。执行力是领导力的核心要素,是事业成功的关键。执行能力强,就能逢山开路,遇水架桥,高效实现战略目标。增强执行能力,不是只动嘴,更是要把党中央的决策部署落实到党和国家的各项行动中去。习近平总书记指出,现阶段,不断提高各级领导干部的执行力,既是领导干部尽责履职的基本要求,也是确保全面改革各项目标任务顺利实现的重要保证。善谈者未必善为,抓落实看似平常,实则不易。世界上最遥远的距离,莫过于从"想到"到"得到",因为中间隔着"做到"。

说到就要做到,不放空炮。"天下难事,必作于易;天下大事,必作于细",很多事情不能一蹴而就,要先行动起来,先落实到位,才能一步一步完善,抓而不紧、抓而不实、抓而不常,等于白抓。决策定了就要全力以赴、雷厉风行,以等不起的紧迫感、慢不得的危机感、坐不住的责任感,不等不靠,敢抓敢管,敢于担当,把抓落实当作一种政治责任、一种精神追求、一种工作习惯,千方百计地采取有力措施来打开局面,决不能说说了事、瞻前顾后、犹豫不决。

为政之要,贵在落实;落实之本,重在执行。落实就是行动,

落实就是执行，没有落实，再好的蓝图，也只是水中花、镜中月。一项正确的政策，只有变成具体行动，化为实际效果，才能切实发挥出应有的政策效应。抓落实要讲究方式方法，要强化目标导向、效果导向。目标确定了，就要集中精力、铆足干劲，不好高骛远、急于求成，以抓铁有痕、踏石留印的劲头，集全部心思于工作，倾一切才智于事业，科学施策、精准滴灌，对症下药、靶向治疗，把精准思维运用到实际工作中，找准问题症结，切中问题要害，确保做一件成一件，取得实实在在的成效。

执行力就是战斗力。习近平总书记指出："各项制度制定了，就要立说立行、严格执行，不能说在嘴上，挂在墙上，写在纸上，把制度当'稻草人'摆设，而应落实在实际行动上，体现在具体工作中。"要在第一时间深入学习、贯彻党的各项方针政策，做到立说立行，立竿见影，确保贯彻落实不走偏、不走样；要以锲而不舍、金石为开的干劲，善始善终、善作善成的韧劲，把各项政策落实到具体行动中、体现在实际工作中，全神贯注盯紧工作进展情况，在切实抓出成果之前决不松手。

110 有过硬的肩膀，不怕事、能扛事；有过硬的意志，事不成、不罢休；有过硬的本领，能干事、干成事

领导干部是党和国家事业的中坚力量。"为政之要，唯在得人。"习近平总书记强调，领导干部必须做到信念过硬、政治过硬、

责任过硬、能力过硬、作风过硬。奋进"十四五"、迈步全面建设社会主义现代化国家的新征程中,不可能都是平坦的大道,我们将会面对许多重大挑战、重大风险、重大阻力、重大矛盾,领导干部不仅要有担当的宽肩膀,还得有成事的真本领。要把责任牢牢抓在手上、扛在肩上,率先垂范、勇于担当、敢于负责,做到知难而进、迎难而上,以强烈的使命感和责任感,把该管的事管好,把该抓的工作抓好,把肩负的责任落到实处,不辜负组织的信任和人民的重托。

铁肩担道义,干事浑不怕。习近平总书记强调,担使命,就是要牢记我们党肩负的实现中华民族伟大复兴的历史使命,勇于担当负责,积极主动作为,保持斗争精神,敢于直面风险挑战,以坚忍不拔的意志和无私无畏的勇气战胜前进道路上的一切艰难险阻。新时代党的干部要有"功成不必在我"的精神境界和"功成必定有我"的担当,用宽肩膀、铁肩膀勇挑重担,明知山有虎,偏向虎山行,在新长征路上创造新业绩,书写新辉煌。

立志在坚不欲锐,成功在久不在速。"古之立大事者,不唯有超世之才,亦必有坚忍不拔之志。"对于我们来说,考验和磨炼往往伴随自己的一生,必须经得住挑战、顶得住压力、受得住委屈、保持住韧劲。越是复杂严峻的工作环境,越能练胆魄、磨意志、长才干。荀子《劝学》中说:"锲而舍之,朽木不折;锲而不舍,金石可镂。"一旦拿定主意,就要有力排众议的定力,铆足"咬定青山不放松"的劲头,以争分夺秒、全力以赴的姿态,风雨无阻、笃定前行,无论遭遇的困难挫折多么坎坷艰险,都要有不可动摇的坚韧意志、坚强决心和坚定步伐，迎难而上、攻坚克难，埋头苦干，一以贯之、一往无前和一抓到底。

绳短不能汲深井，浅水难以负大舟。习近平总书记指出："领导十三亿多人的社会主义大国，我们党既要政治过硬，也要本领高强。"绳短不能汲深井，浅水难以负大舟。事业要发展、难关要攻克、风险要防范，如果知识和能力不能"持续升级、不断扩容"，就会如"盲人骑瞎马，夜半临深池"，陷入新办法不会用、老办法不管用、硬办法不敢用、软办法不顶用的困境。只有突出实战、实用、实效导向，提升政治能力、调查研究能力、科学决策能力、改革攻坚能力、应急处突能力、群众工作能力、抓落实能力，才能以干事创业的硬本领，从容应对新挑战。

111 精通业务的"政策通"、熟悉情况的"活字典"、一专多能的"多面手"、谋划创新的"智多星"

习近平总书记强调："领导工作要有专业思维、专业素养、专业方法。"面对大有可为的新时代，每一名干部都要起而行之、勇挑重担，积极投身新时代中国特色社会主义伟大实践，经风雨、见世面，真刀真枪锤炼能力，以过硬本领展现作为、不辱使命，必须不断提高专业化水平，成为经济社会管理的行家里手。

政策了如指掌，干事胸有成竹。政策是领导干部的生命线，熟知政策、用好政策是干部的基本功。做一名新时代的好干部，当好

"政策通"是基本功,对工作、对他人非常重要。活学活用,深入基层、深入群众,"知民情""解民忧""听民声""聚民智",用好政策规定,解决群众的事,同时还要严格遵循政策的法理性、规范性、严肃性,严把政策关口,确保执行政策不变通、不走样、不打擦边球。

情况心中有数,干事驾轻就熟。朱熹有云:"敬业者,专心致志以事其业也。"领导干部要在学中干、在干中学,干一行、爱一行、钻一行、精一行,努力提升业务水平和履职能力,成为本职岗位上的"行家里手",安心于事业,专心于事业,迷恋于事业,做到钻研业务、吃透业务,不断鞭策自我,不断精进业务,不断提升进步。

本领既专又博,干事游刃有余。新时代呼唤新担当新作为,领导干部要适应时代,就需要加强学习,增长本领。这不仅是个人成长进步、干事创业的需要,更是贯彻党的组织路线的必然要求。如果领导干部满足于现有知识和能力储备,不注重学习了解更广领域的基本知识,"短板原理"就会很快在工作中凸显出来。因此,领导干部要学会积少成多,要做到串点成面,要实现合力在手,做到一专多能,努力成长为复合型干部,成为一名多功能综合型全才。

谋事吐故纳新,干事善开新局。《孙子兵法》中说:"将者,智、信、仁、勇、严也。"智慧对于一个领导者来说是居于首位的。拥有智慧,领导干部才能在纷繁复杂的形势中廓清迷雾,思人所未思、见人所未见、知人所未知、察人所未察,才能审时度势、运筹帷幄、谋划创新,带领群体或组织制定科学的目标,谋划正确的道路,避免做无用功。领导干部要培养智慧与谋略,将勇气和智慧结合起来，让改革冲破体制机制障碍和利益固化藩篱，一往无前。

112 做好小事是成就大事的基石，做好今天是成就明天的台阶

习近平总书记强调："干部成长是有规律的，年轻干部从参加工作到走向成熟，成长为党和国家的中高级领导干部，需要经过必要的台阶、递进式的历练和培养。"要经过习近平总书记要求的台阶、递进式的历练和培养，领导干部必须从小事做起，从今天做好，因为量变是质变的基础，质变是量变的结果。

不积跬步、无以至千里，不积小流、无以成江海。灿烂星河是因无数星星汇聚，丰功伟业也是由每天的业绩累积。现实生活中，有些领导干部好高骛远、眼高手低，对眼前的小事不屑一顾，这山望着那山高，动辄铺大摊子，上大项目，却置人民群众疾苦于不顾，即使作出惊天动地的大政绩也是空中楼阁，没有群众基础，容易崩塌。领导干部要培养务实的作风，既要增强从小事做起的意识，又要提高从小事做起的能力。要善于运用马克思主义的立场、观点和方法去分析、鉴别，从看似不起眼的、局部的、个别的、刚露头的现象中发现隐藏在事物背后的本质和规律；要提升问政于民的能力，搞清楚群众真正需要我们做哪些事、怎么做、做到什么程度，从群众最需要的地方做起、最不满意的地方改起；要提升协调各方的能力，一些小事情往往是"历史遗留"或"三不管"的状况，

搞清楚政策依据和责任主体，本着以人为本的原则，想办法将小事情解决好。当然，也不能盯住芝麻绿豆的小事，借题发挥，无限放大，把真正的大事落在一边。

以今天奋斗成就明天美好。习近平总书记强调："中国的昨天已经写在人类的史册上，中国的今天正在亿万人民手中创造，中国的明天必将更加美好。"今天，我们党领导的伟大斗争、伟大工程、伟大事业、伟大梦想正在如火如荼进行。中华民族迎来了从站起来、富起来到强起来的伟大飞跃，迎来了实现伟大复兴的光明前景。明天，在实现"两个一百年"奋斗目标、实现中华民族伟大复兴中国梦的新征程上，中国人民必将书写出更新更美的时代篇章。以今天奋斗成就明天美好，要在今天的本职岗位上、一言一行中，甩开膀子踏实干、撸起袖子加油干，以让人民过好日子为今天奋斗的根本目的，人民是否真正得到实惠、人民生活是否真正得到改善、人民权益是否真正得到保障是检验美好明天成效的根本标准。要坚守今天奋斗之志，更要增强今天奋斗之本领，学懂弄通做实党的创新理论，特别是习近平新时代中国特色社会主义思想，切实以理论清醒夯实今天思想根基、坚定明天奋斗目标、增强长久奋斗底气。

113 小事成就大事，细节成就完美

"天下难事，必作于易；天下大事，必作于细。"天下的难事，都是从容易的地方做起；天下的大事，都是从细微的小事做起，这

是亘古不变的道理。把细微的小事做好了，才能积小胜为大胜，最终成就大事。小事做不好、细节不注重，妨碍的是大局、全局，大事、全局就无从谈起。因此，年轻干部必须把小事做好，把大事做细。

泰山不让土壤，故能成其大。把每件简单的事做好，就是不简单；把每件平凡的事做好，就是不平凡。生活也好、工作也罢，一些看似不起眼的微不足道的小事，如果没能处理好，往往就会因小失大，甚至使得本来可以成功的事情失败。现实中，一些领导干部只愿抓所谓的大事，结果往往是小事不愿做、大事又做不好。九层之台，起于累土；千里之行，始于足下。虽然都是一些具体的、烦琐的，甚至是鸡毛蒜皮的事情，但要想干好事业，必须注重做好这些细节。"魔鬼藏在细节里。"点滴小事中蕴含着大事之机。眼高手低，看不见细节直奔宏大叙事，那是无本之木、海市蜃楼；不拘小节、胆大妄为，必将走向深渊，迷失在镜花水月里。

千里之堤，毁于蚁穴。小细节蕴含大文章。所谓细节，就是具体、细微的环节或元素。细节是构成事物的基本环节与基本元素，所有事物都是由彼此联系、相互依存的细节构成的。没有细节，就没有整体。干任何事情，仅重视战略和宏观是不够的，还必须重视细节，针对事物包含的各个环节和可能遇到的各种问题进行深入分析、周密部署，制定详细的行动方案与应对措施。在细节问题上马马虎虎、大而化之，很可能使战略谋划流于空谈、大而不当，也很可能由于百密一疏而造成全局被动甚至失败。作为党和国家事业奋斗的一分子，每一位领导干部都是所在行业、所从事工作的一个细节，工作态度和工作质量直接关系其所在领域、所从事工作的成败，甚至影响经济社会发展大局。因此，大事要抓，细节也要抓，宏观上有大的谋略，微观上也要注意细节，要努力把职责范围内的每一件事情都做细、做实、做好。当然，强调注重细节、抓好细节，并不是主张把心思和精力都放到细枝末节、琐屑小事上，而是强调把大处着眼与小处着手有机结合起来，树立严谨细致、精益求精、一丝不苟的精神和作风，确保做好工作、完成任务、实现目标。

114 大事坚持原则，小事学会变通

延安时期，毛泽东同志曾说："松树冬夏常青，不怕刮风下雨，严寒之中也能巍然屹立，松树有原则性；柳树插到哪里都能活，柳树有灵活性。"我们常说工作生活要原则性与灵活性相结合，就是要大事坚持原则、小事学会变通。不讲原则，就容易迷失方向、失去底线、误入歧途；不会变通，就容易成为僵化的机械主义者，脱离现实，走入死胡同。

人有不可为也，而后可以有为。领导干部经常面临决策、选择和取舍，何者可为，何者不可为，最重要的判断标准就在于是否坚持原则，是否符合党的方针政策，是否符合人民群众的根本利益，是否符合法律法规。如果毫无原则，盲目冒进，逆势、逆理、逆法而为，就是胡作非为，也不可能有所作为，关键是要时刻清楚自己

该做什么、不该做什么，该做的就全力以赴，把事情干好干成，不该做的就明晰边界不逾越，做到当为之时朝气蓬勃意气风发，不为之处心如止水知进知退。要坚持原则，注重完善规章制度，强化制度刚性，严格照章办事，说到做到，不留情面，不打折扣。

既要合情，又要合理。人有人情，物有物理。合情合理就是合乎情理。领导干部手中掌握着公权力，掌管着公共资源，经常面临着公与私、情与理、义与法的两难选择，想问题办事情必须尽可能合情合理。领导干部也不是生活在真空中，不可能永远不近人情。但只讲人情不讲原则的干部，也会因为丧失立场和原则而栽跟头。只有不断改进这方面的领导方法，才能在事情完成的基础上，赢得广泛认可和支持。领导干部要善于抓方向、议大事、管全局，凡事从大局出发，不计较细枝末节，才能拿得起、放得下，从容自如、迎难克坚；要学会灵活变通，以创新性的思维，针对工作层面的各个方面，及时地进行思考调整和完善；要把握灵活性，从实际情况出发，从个体的情况出发，有针对性地进行管理，在不失原则的情况下，合情合理做事，以更大气量，更广胸怀，团结同志一道开展工作，营造团结协作、群策群力、同舟共济的工作局面。

115 绷紧效率之弦，拧紧时间发条

习近平总书记在《珍惜在位时》一文中写道："一个领导干部，在位的时间是有限的，在一个地方工作的时间更有限。我们每一个

领导干部都要以'只争朝夕'的精神,倍加珍惜在位的时间,充分利用这有限的时间,多为群众办实事、办好事。"时间每天只有24小时,但效率却有高低不同,可见工作业绩和时间不成正比,效率才是关键中的关键。苏联作家雷巴科夫曾说:"用'分'来计算时间的人,比用'时'计算时间的人,时间多五十九倍。"如果能以效率与时间管理为突破口,把手头上的事情做得又快又好,就能掌握好人生,实现事业的不断攀升。

口号标语不顶用,提升效率靠行动。著名的思想哲学家培根曾说:"如果说金钱是商品的价值尺度,那么时间就是效率的价值尺度。因此对于一个办事缺乏效率者,必将为此付出高昂代价。"可见效率是十分重要的,对于工作而言效率更是最重要的事情。作为领导干部,提高自身工作效率更是一件至关重要的事情,需要事不宜迟立马行动起来提高自身实力和能力。要在优流程、转作风、提效能、强服务上下功夫,提出切实可行的解决办法,制定出有操作性的政策措施,做到出实招、见实效。

岁月不居,时节如流。富兰克林说:"浪费时间是所有支出中最奢侈及最昂贵的。"时间是最大的成本。错过了什么都有可能补回来,唯有错过时间不可以。时间成了每个人最大的成本,正因如此,才有人提出"1万小时定律",强调要在一个领域,持续不断地努力才能有所得。领导干部干事创业也不例外,时间同样是最大的成本,机会是在和时间赛跑,趋势也是在和时间赛跑,战机更是在和时间赛跑,错过了时间,一切的努力都是白费或者价值大幅缩水。要学会培养大系统时间管理的理念,有计划地将时间予以合理安排、支配和利用，做到珍惜时间成本，超越人生局限。

时间就是金钱，效率就是生命。这是深圳蛇口竖立的标语牌，也正是高效的深圳速度打造出了深圳这个特区的"窗口"与改革开放的象征。子曰："逝者如斯夫，不舍昼夜。"时间和效率往往是共存的，但往往是效率支配时间，高效率不紧张，时间变得更充实、更宝贵，但如果效率过低就只有靠时间来弥补。领导干部要学会向时间要效率，常思时间都去哪了，分清轻重缓急、提高效率，有效分配资源，合理利用优势，不让精力与时间有不必要的消耗，做到转变作风、抓紧时间、日清日结、简单高效。

116 一个"今日"胜于两个"明天"。昔日已逝，明日未临，无论是过去还是未来，我们都无法把握

要在人生的道路上永远保持前进，若是一直怀念过往，一直对过去的事情抱有遗憾，这些情绪会最终磨灭掉你对于未来的激情和希望。作为一名领导干部，要有勇气把过去尘封在过去，不让它干扰现在的生活，也不让它阻碍当下前进的脚步。不管前路是怎样的，不管未知的命运是怎样的，都要敢于直面人生，正视生活。因为掌握好现在，才是给过去最好的交代，才是给未来最好的期待。

我生待明日，万事成蹉跎。这是古希腊哲学家柏拉图的箴言，2000多年来一直告诫人们要立足今天，把握今天的事情，奠定好基础，才会有明天的成功与辉煌。有人说："今天和明天只隔

做干部必须**有本事**

一天，没什么大不了的。"可事实并非如此，正如《明日歌》中唱的："明日复明日，明日何其多。"如果凡事都交托给明天，总是抱着反正明天还有时间的想法，日复一日，年复一日，终将一事无成。

今日事，今日毕。光阴似箭，今天就是一切，明天还未可知，莫把今天的任务推到明天。于一些领导干部而言，最常做的事就是等，最容易的事也是等，等将来、等以后、等资金、等政策……，等来等去，留下的是遗憾，错过的是机遇，往往在等待中茫然度过了自己的职业生涯。今天代表现在、现实，必须立足于今天，才能展望将来。没有今天的努力，就不可能有明天的成功。着眼现在就意味着美好未来，虚度现在就意味着没有将来。领导干部要珍惜当下，不负流年，静默如初，不畏将来。把握今朝，尽力而为，今天的事情今天做，别等到明天。做好今天的每一件事，比总想明天做什么强。

只争朝夕，不负韶华。岁月奔涌从不停歇，奋斗征程永远向前。历史只会眷顾坚定者、奋进者、搏击者，而不会等待犹豫者、懈怠者、畏难者。时序更替，华章日新。伟大梦想不是等得来、喊得来的，而要靠一代代人前赴后继拼出来、抓铁有痕干出来的。行动总比空想强。领导干部要拿出"万众一心加油干，越是艰险越向前"的精气神，对待事业要有闻鸡起舞的危机感、日夜兼程的紧迫感、风雨无阻的责任感，端正干事态度，扛起历史使命，不犹豫、不懈怠、不畏难，为党和国家的事业作出应有贡献。

117 成功永远属于马上行动的人

有一个小故事,讲的是一位饱读诗书的教授与一位文盲做邻居,两人都有着同样的致富梦想。教授每天引经据典大谈他的致富经,文盲邻居一边听着,一边按照教授说的去做。几年后,文盲成了百万富翁,而教授还在喋喋不休地空谈着他的致富理论。一个人的成功取决于思考力、决策力和行动力,但绝大多数人,往往是思考过多、决策过长而缺乏行动力。我们如果荒废了时间,时间也便把我们抛弃了。所谓理想就是实干、就是行动,是生龙活虎地行动、是不计得失地行动、是矢志不渝地行动。

最正确的选择就是马上行动。马克思说:"一步实际行动胜过一打纲领。"习近平总书记指出:"每一项事业,不论大小,都是靠脚踏实地、一点一滴干出来的。"领导干部最可贵的品质就是坚决有力地执行和不折不扣地落实,我们能够牢牢把握的只有现在,此时不行动,更待何时。一切难题只有在行动中才能破解,一切办法只有在行动中才能见效,一切机遇只有在行动中才能抓住和用好。面对时间紧、任务重、要求高的工作任务,我们唯一能做的不是埋怨、不是叹息、不是焦虑,而是立即行动。

行动之日即是良辰吉日,马上行动就是成功的开始。拿破仑说过:"行动和速度是制胜的关键。"告诫人们做事不要习惯性地拖延,否则有些事情,越往后,代价会越大。拖延就是在透支明天。马上行动是一种习惯,是一种做事的态度,也是每一个成功者共有的特质。古往今来的每一个成功者都是行动家、实践派,不是空想家、理论派。领导干部要在干事创业中取得成功,就必须建立立即行动、时不我待的人生态度,摒弃优柔寡断、凡事拖延的习惯,容不得半点歇歇脚、打个盹的拖拉,做到马上付诸行动,在行动的过程中寻找转机,推开成功之门。

说了就算,定了就干,干就干好。古时作战,兵家策略是"一鼓作气",防止"一而再,再而衰,三而竭"。古往今来,急事难事多如烟海,而克敌制胜最锐利的武器就是毫不迟疑、马上行动。领导干部干事创业不要给自己留退路,千万不要说"以后还有机会""时间还比较充裕""以后再执行",拖延只会消耗热情和斗志。要做到抓紧抓紧再抓紧,说干就干、干就干好,保持热情和斗志,提高办事效率,能够就手处理的事情就一次性解决,不要再浪费时间反复折腾,少讲过程,多讲结果,不驰于空想、不骛于虚声,脚踏实地、苦干力行,做一个真正的实干家。

118 专注、专心、专一的工作态度,精准、精致、精心的工作意识

1943年11月,周恩来同志返回延安参加整风,在进一步思考、反思和总结的基础上,他在报告中表示,"必须从专而精入手。宁可做一件事,不要包揽许多。宁可做完一件事,再做其他,不要浅尝辄止。宁有所舍,才能有所取。宁务其大,不务其小"。周恩来同志就是告诫领导干部,必须要做到干一事专一事、干一事精一

事、干一事成一事，切不可贪大求洋、好大喜功。党的事业也讲求专精，绝不能够"为山九仞，功亏一篑"，领导干部就是要专做一件事、精做一件事、细做一件事，一件干好再干下一件，如此才能干成事，避免陷入"贪多嚼不烂"的窘境。

守少则固，力专则强。人之才，成于专而毁于杂。苏轼在《应制举上两制书》中写道："不一则不专，不专则不能。"不专于一件事情、一个领域，就很难再有专长，就不能人尽其才。曾国藩在给弟弟们的家书中也说："求业之精，别无他法，曰专而已矣"，并勉励"诸弟总须力图专业"。思考可以跨界，做事却要守专。专注是顶级的自律，无论在哪个行业，其能量都是共通的，有了专就有无限可能，就能屏蔽外界纷扰，淬炼平和心性。专心是最大的力量，是自己跟自己比较，是自己向自己挑战，只有毫不分心、专心致志，才能把事情做到极致。专一是最美的态度，能够助力抓住事物发展的本质，找到矛盾问题的症结点，厘清干事思路，找到成事的突破点。领导干部要始终做到专注、专心、专一，用专注补足状态之需，用专心筑牢成事之要，用专一夯实底气之源，用心做事，专心致志，聚精会神，竭尽全力，就能从专注、专心、专一升华到专长和专业。

成于细、贵在精。《诗经》有云："有匪君子，如切如磋，如琢如磨。"做学问要精细地研究和探讨，做事也需要精细地谋划和推进。人常说："业精于勤荒于嬉，行成于思毁于随。"任何一件事情的完成都需要精益求精，都要求从业者对每件工作都能够做到追求极致。精准就是要精细而准确，不可大水漫灌，善于从细微当中发现问题、分析问题、解决问题。精致就是工作要精巧细致，把工作做到精益求精。精心就是要用心、诚心，倾其心力、劳其心神，全神贯注地投入其中。领导干部在工作中绝不允许产生得过且过、差不多、过得去的错误思想，应该秉承工匠精神，发扬"绣花功夫"，随时怀揣人无我有、人有我优、人优我精的思想，以精字当头，善于从细节入手、从小事入手，主动熟悉工作业务，做事细密，对每件工作都严格审核，确保零差错、最完美的高标准，做到臻于至善、追求极致，不出现任何疏漏，只有这样干工作才有成绩，才能少走弯路。

119 "出手必出色，完成必完美"，体现一种"山到绝顶我为峰"的卓越追求，一种"不用扬鞭自奋蹄"的责任意识，一种"桃李不言，下自成蹊"的良好信誉

有人说："甘于平庸是一种错误，每个人都应当追求卓越。"一个人干一件或几件出色的事情并不难，难的是事事干得出色；一个人一项或几项任务完成得完美并不难，难的是项项任务都完美无缺。只有把优秀养成一种习惯、把卓越当成一种标准，时刻保持认真负责的工作态度，养成一丝不苟的良好习惯，营造精益求精的文化氛围，才能做到出手必出精品，完成必定完美。

追求卓越，创造完美。"没有最好，只有更好"是很多优秀者的信条。巴西足球名将贝利在接受记者采访时，被问及"哪一个球

踢得最好"，他的回答是"下一个"。可见，卓越不是一个标准，而是一种追求，一种自我超越的境界，它不是优秀，而是优秀中的最优。当领导干部同样不应该满足于已经取得的成绩，要知道只有不断提高的标准，永远没有绝对的好，学会把优秀当成一种习惯，把卓越当成一种目标，把精益求精当作一种手段，不厌精、不厌细，不断地追求完美，向更高、更完善的境地攀登，一次比一次要求更高，不断刷新自己的纪录，最终达到完美结果。

责任让人走向完美。苏武出使匈奴，被迫牧羊许多年，正是以忠于国家之责任，作出卓越于历史的成就。卓越的人是对自己负责、对家庭负责、对事业负责、对社会负责。凡追求卓越者，其必以责任为先，融责任于血液，浑责任于一身，而后才"正德厚生，臻于至善"。领导干部要把负责任和最优秀作为自己的追求，别让责任在干事创业中缺位，把责任心视为防火墙，守住责任，守住岗位的使命，视责任为机遇，在工作中提升自我，收获完美业绩。

出色到完美是最好的信誉。海尔集团总裁张瑞敏说过："把简单的事情做好就是不简单，把平凡的事情做好就是不平凡。"换句话说，"出色就是将平凡的事做到不平凡"。想做一名优秀的领导干部，就要保持敬业精神，忠诚于事业，执着于使命、倾心于热爱，最大限度发挥自己的才能，尽最大努力贡献自己的力量，学会经营自己卓越、完美的品牌，用心观察、用心总结、用心提升，把出色、出彩、出众作为自己最好的口碑，全力以赴、一丝不苟，以平凡的工作成就不平凡的事业。

120 直面矛盾不"缩手",深入一线不"甩手",扭住关键不"放手"

我们常用"一把手"来形容各种组织、单位内部的最高领导人。"龙头怎么甩,龙尾怎么摆",一把手的作用发挥得好不好,直接影响党和人民各项事业的推进进度和实际成效。"千难万难,一把手肯抓肯干就不难",作为"关键少数"的地方和部门党政一把手,对各项事业抓和不抓大不一样,虚抓和实抓大不一样。一把手们决不能当甩手干部、挥手干部、背手干部,只有做到扑下身子、亲力亲为,做到该出手时就出手,工作上才会得心应手,事业上方能大显身手。

面临矛盾不畏惧。俄国诗人普希金说过,"大石拦路,勇者视为前进的阶梯,弱者视为前进的障碍"。干事创业过程中有不少矛盾的交汇点,但凡犹豫不决、畏缩后退,必然导致矛盾激化,以至不可收拾的地步!领导干部要树立迎难而上、敢干敢为的担当意识,"明知山有虎,偏向虎山行",不回避、不推诿、不敷衍、不塞责,敢于直面困难、直面矛盾,勇于担当,主动作为,尽自己最大的力量为群众解决问题。只有直面矛盾、勇往直前、迎难而上,才能缓和、化解矛盾。

植根基层察民情。毛泽东同志在《关于领导方法的若干问题》一文中指出,凡属正确的领导意见都是从群众中来的。将群众分散的意见集中起来,再到群众中坚持下去,在群众行动中考察这些意见是否正确。如此无限循环,一次比一次更正确、更生动、更丰富。有能力的领导干部,不能当甩手掌柜,需要深植沃土、扎根群众,在最一线听民声、知民意、解民困。"疾风知劲草,烈火炼真金。"在伟大斗争中,各级领导干部特别是主要领导都要做到带头出征、深入一线、靠前指挥,以第一人称担当起该担当的责任。

牵住牛鼻不放手。有基层干部感悟:"事情不说可以,说了就要千方百计抓出成效来,这就叫:看不准,不动手;看准了,不松手;干不成,不放手。"精诚所至,金石为开。蜀守李冰为解决蜀地水患,历经8年之久,终于建成惠及2000多年的利民工程,正所谓"气如兰兮长不改,心若兰兮终不移"。领导干部为政干事不是一时一事,也不是一朝一夕,需要拿出一股"咬定青山不放松"的执着劲儿,紧盯任务扭住不放,做到日日为继、岁岁如斯、久久为功,不达目的誓不罢休,久而久之就能干出不平凡的事业,创造出不平凡的人生。

121 切忌"走马观花",真正脚踏实地,亲身实践;克服"蜻蜓点水",力求精准把脉,细处着眼;避免"浅尝辄止",注重刨根问底,追本溯源

习近平总书记指出:"伟大梦想不是等得来、喊得来的,而是拼出来、干出来的。"洗尽铅华始见金,褪去浮华归本真。党的历史不是浅薄的剧本,党的事业不是浮华的口号。孔子也曾说:"君

子耻其言而过其行。"作为一名领导干部，应当以说得多做得少为耻辱，应崇尚实干精神、鄙视华而不实弄虚作假。但凡出现说得多做得少、观望多行动少，只看花和朵、不管瓜和果，口号喊得震天响、行动起来轻飘飘，碰到问题往上推、落实责任往下移等种种情况，皆是作风虚浮、不求甚解的表现。凡此肤浅，必将导致民怨民愤民恨；凡此务虚，均误党误国误民。

不入其境焉知其味。毛泽东同志在《我们党的一些历史经验》中指出："调查有两种方法，一种是走马看花，一种是下马看花。"领导干部干工作不能只是"坐在车里转一转，隔着玻璃看一看，回到机关谈一谈，下水飘一圈就了事"，这种不务实的作风最终会贻误党和人民的事业。领导干部既要当仰望星空的梦想家，也要当脚踏实地的实干家，迈稳步子、夯实根基、稳扎稳打，步步为营，拿出深植千尺的勇气，做到深入实际、深入基层、深入群众，不受虚言，不听浮术，不采华名，不兴伪事，努力在平凡的岗位上创造不平凡的业绩。

致广大而尽精微。《中庸》强调，君子治学养德在达到宽广博大的宏观境界，同时又深入到精细详尽的微观之处，反观我们干部的从政之路，也应当摒弃毛躁心理，不能像鸭子，下了水却沉不下去，头是下去了，尾巴却一直浮在水上，而要修炼鸬鹚抓鱼的功夫，沉到水底、抓到活鱼。所以领导干部要戒除隔靴搔痒的假把式，应当做到戒浮求沉，浅水亦当深水渡，严处着眼，细处着手，实处着力，力争潜心锤炼，多到基层、群众中去，多到问题多、矛盾多、困难多的地方去。

打破砂锅问到底。"路漫漫其修远兮,吾将上下而求索。"但凡有开拓精神的干部,往往勇于改革,善于探索,不囿于旧的观念和现成模式,不满足现状,敢于创新,对困难和问题穷追不舍。所以,领导干部切忌不了了之的敷衍心理,解决问题不能浮皮蹭痒,要有主动精神,学会在深入思考中领悟、在研究状态下工作,对问题不能生吞活剥,要客观、要辩证,要透过现象看本质,不能只停留在一知半解上,要做到举一反三,活学活用,通过深入的、穷尽式的思考,才会引向深入,才会悟出真谛。

122 以恒心慎终如初,以恒劲常抓不懈,以恒功解决问题

《易经》中的第三十二卦为"恒卦",它告诫我们世间之事,贵在有恒,只要是自己认定了的事,在确定了目标和方向之后,在坚守中正之道的基础上,便应该坚持不懈地去为实现目标而奋斗。曾国藩也曾感慨:"人而无恒,终身一无所成。"人贵有恒,生活最难的是坚持。领导干部干事创业,最关键的是"常""长"二字,但凡能成就一番事业的,无不是做到心中有恒的强者。

初心坚如磐,恒心是保证。初心宝贵,恒心难得。习近平总书记曾指出:"以百姓心为心,与人民同呼吸、共命运、心连心,是党的初心,也是党的恒心。"古人常说:"靡不有初,鲜克有终。"有初心作起始并不难,但要有终究得依靠恒心,恒心使初心更坚

定，初心使恒心更持久。当干部要有恒心，单位最大量的是基础性工作、事务性工作，没有月月做、日日做、时时做的劲头，是落实不了、落实不好的。干任何工作都要有恒心、有毅力，始终做到敬终如始、一以贯之，不达目的决不罢休，像跑马拉松一样坚持不懈，像万里长征一样步步为营，这样才能顺利到达终点。

锲而不舍，金石可镂。成功的唯一秘诀，就是坚持到底，不懈不弃。古语有云，"行百里者半于九十"，越是到最后关头，越要有一股子恒劲，任何目标的达成、任务的完成，都离不开一步一个脚印地扎实勤奋工作，需要滴水穿石、铁杵磨针的恒心韧劲。领导干部抓工作不能半途而废、浅尝辄止，要以一如既往的恒心定力，以一以贯之的履职尽责，由浅入深、循序渐进，抓持久、持久抓，不动摇、不懈怠、不折腾，一环紧着一环拧，一锤接着一锤敲，步步紧逼、善始善终、善作善成。拿出燕子垒窝、蚂蚁啃骨、老牛爬坡那种唯其艰难，方显勇毅的恒劲，方能干成一流事业。

日拱一卒，持之以恒。只要勤奋努力、坚持不懈，每天像卒子一样前进一点点、进步一点点，功夫就不会白白地浪费，终会有所成就。古人云："古今成大事者，不唯有超世之才，亦必有坚韧不拔之志。"领导干部要明白"问题在哪里，信心在哪里，干劲就在哪里"，面对新时代、新阶段所遇到的问题，真正做到"眼中形势胸中策，缓步徐行静不哗"，坚持"把功夫下在平时"，做到"万丈高楼平地起"，全力以赴、奋力拼搏，不停顿、不大意、不松劲，以闻鸡起舞、日夜兼程、风雨无阻的精神，以雷厉风行、久久为功、持之以恒的干劲，做好每一件事情、干好每一项工作。

123 明责定责是推动工作的前提,问责追责是抓好落实的保障;唯有责任落实,才有工作落实;唯有责任到位,才有工作到位

唐朝名臣岑文本被提升为中书令,却得位而忧,原因是"责任重,官职高"。习近平总书记指出,是不是具有担当精神,是不是能够虔诚履责、尽心尽责、勇于担责,是检验每名领导干部身上是不是真正体现了我党先进性和纯洁性的重要方面。责任无处不在,责任实实在在落在肩上了,工作才能实实在在落在手上,责任有人担起了,工作也才有人担起。好干部必须有责任重于泰山的意识,才能在各自的工作中产生积极性、主动性及创造性,才能把每一件事情做得圆满。

"有责"方能"有为"。有责,往小了说是一种职业道德,往大了说是一种高尚品德。古罗马著名思想家西塞罗说:"生活的全部高尚寓于对责任的高度重视,生活的耻辱在于对责任的疏忽。"岗位连着责任,心中有多少责任,人生就有多大作为。有责之人无所谓职位高低,无所谓任职长短,也无所谓是升是贬,有的是一腔为百姓谋福祉的热忱,一股宵衣旰食、夙夜在公的干劲,一种干不好工作就食不甘味、寝不安席的精神。相反,无责就会平庸,即使有位也难有为。对一个领导干部来说,有责则为,无责则怠;对党和国家来说,有责则兴,无责则亡。

"明责定责"才可"明察"。古代民谚说:"龙多不下雨。"就是说多条龙治水,但责任不明确,结果反而没有龙去管行云布雨

之事。当下，也存在人多不干活的情况，不少行政事务由多个人或多个部门管，但由于责任不明晰，谁也管不好。领导干部要明确责任、确定责任，这样才能杜绝人多"踢皮球"现象，避免一个人敷衍了事，两个人互相推诿，三个人则永无成事之日。责任是实打实的，工作中必须明责定责同时又分工合作，一级抓一级，层层压实责任，层层传导压力。该扛起责任时主动伸出肩膀，该抓好工作时主动扑下身子。既避免社会惰化作用，又减少组织内耗现象，形成倒逼责任落实的闭环，让"九龙治水"的现象无所遁形。

"问责追责"贵在"问效"。"有责必问、问责必严。"近年来，领导干部被问责追责的通报屡见报端，问责已经成为管党治党的重要手段，并将持续发挥更大作用。问责如同一把利剑，高悬在权力运行的上空，权力一旦脱轨，执行权力的领导干部势必受到责任追究。然而，问责追责不是目的，问效追效才是根本。领导干部必须明白有责要尽责、失责必问责的责任逻辑，深刻认识到有权必有责、有责要担当、失责必追究，切身感受到责罚相当，做到问责有响雷之威，面对失误敢于担责不找替身，从而严格依法依规办事，把该担的责任担起来。

124 完善知责明责的"责任链"，用好督促考核的"指挥棒"，高举责任追究的"锐利器"

古希腊神话中说，人其实是背负了一个行囊在赶路，肩上担负着家庭、儿女、朋友、事业、希望等，历尽艰辛，却无法丢弃其中任何一件，因为行囊上写着责任两字。习近平总书记强调："干部就要有担当，有多大担当才能干多大事业，尽多大责任才会有多大成就。"责任在心，担当在行。领导干部只要咬紧责任二字，时时处处让责任鞭策、激励、监督自己，就能在为党分忧、为国尽责、为民奉献的不懈奋斗中建功立业、有所作为。

人人知责，人人有责，人人尽责。责任无处不在，担当义不容辞。古人说："知责任者，大丈夫之始也；行责任者，大丈夫之终也。"岗位有高低，责任无轻重。事无大小、做到最好才是责任担当。领导干部知责明责、分工负责、协调联动，才能更好地履责，才能真正落实好党的方针政策。要知责思作为、明责敢担当，时刻想到自己所处的位置，时刻想到肩上担负的责任，在日常工作面前履职尽责，建立层次分明的责任链，把责任一级一级压实到位，建立清晰有效的压力链，把压力一层一层传导下去，做到层层拧紧螺丝，以更严的责任、更实的担当、更高的要求来履行职责。

抓住"考点"，压实"考风"。督促考核是检验干部担责履责是否合格的试金石。定了的责任必须一以贯之地去完成，才能发挥强大的导向作用。督促考核要防止简单粗暴、照搬教条，切忌"一刀切"和照本宣科，以督压责，以考促改。要结合实际，创新考法、用足考分，努力将责任的督促考核工作细化量化、可操作、管长远。只有这样，才能做到考准考实。通过督促考核提升干部履职尽责的积极性和主动性，锻造一批信念坚定、为民服务、勤政务实、敢于担当、清正廉洁的好干部队伍，让"惰政""躲政"无处遁形、付出代价。

问责只是手段，尽责才是目的。履职不到位，追责无限期。作为党的干部，在什么岗位，就要履行相应的职责，在职不履就是渎职，履职不力是失职。作为领导干部，要强化督察，刚性问责，用好追责问责的"杀手锏"，追究工作不力、完不成任务、拖后腿的情况，做到真问责、严追责，严格以不落实之事倒查不落实之人、追责不作为之人，做到应追尽追、一追到底，坚决防止追不下去、追下不追上、追小不追大。同时也要杜绝以问责指标博政绩，不能以问责代替整改，防止将层层传导压力异化为问责层层加码，从而真正形成"检查—反馈—整改—提高"的闭合回路。

后 记

这本书是"新时代干部之基系列丛书"的第三本,围绕"做干部必须有本事"这一主题分成124个专题进行阐述。

"有本事"既是一个理论问题,更是一个实践问题。仁者见仁,智者见智,本无定法,关键在于管用。书中只是从世界观、方法论的角度谈些认识和感受,抛砖引玉而已。

限于笔者学识与水平,不当甚至错误之处难免,恳请读者批评指正。

最后,向国家行政学院出版社表达真挚的感谢!

晓山

2022年6月